30秒で腹筋100回分！

リンパひねりで全身がやせる

高橋義人
TAKAHASHI YOSHITO

PHP

はじめに

運動は、ダイエットや健康のために必要なこと。でも、ハードなトレーニングをしなくても、スリムな美しい体を手に入れることは可能です！

大切なのは、鍛え方。筋肉だけでなく、筋肉とつながっている骨や関節、また呼吸などの力をうまく連動させることで、効率よく脂肪を燃焼し、全身を鍛えることができます。

中でも、最近私が注目しているのが **〝ひねる〟** という動きです。

普段の生活の中で体をひねる動作をすることは少ないですが、トレーニングにひねりの動きを加えると血液やリンパの流れがよくなり、運動効率が大幅にアップ。固まった筋肉をほぐすストレッチ作用もあるので、こりをラクにしたり、体のゆがみを整えたり、幅広い効果が期待できます。

そこでぜひ取り入れていただきたいのが、私が考案した **「リンパひねり」**。

お腹《なか》周りを素早くひねることによって、リンパに刺激を与え、リンパの流れがよくなり、脂肪が燃えやすい体を作る万能の全身エクササイズです。

すぐに実感できる効果は、女性の悩みに多い「むくみ」がすっきりすること。たった30秒で、腹筋１００回分に相当する熱量の発揮が期待でき、ぽっこりお腹が引き締まったり、ウエストのくびれができたり、とスタイルアップにも一役買ってくれます。

さらに、脂肪太りや筋肉が衰える元凶ともいえる悪い姿勢を正す効果も。短時間でも毎日続けると、体幹がしっかりしてきて、お腹や骨盤周りの筋肉が正しく使えるようになるので、立つ、座る、歩く、といった動作がきれいになり、余分な脂肪もつきにくくなります。

この本では、基本の「リンパひねり」のメソッドに加え、ひねりの動きをベースにしたお悩み別のトレーニングもご紹介します。どれも簡単&時短ですから、さっそく今日からスタートしましょう。

いくつになっても体は変えられますよ！

エバクオーレボディ主宰　高橋義人

30秒で腹筋100回分！「リンパひねり」で全身がやせる　もくじ

PART 1

リンパひねりで全身すっきり！

歩き方チェック

46

◆ズボラトレ

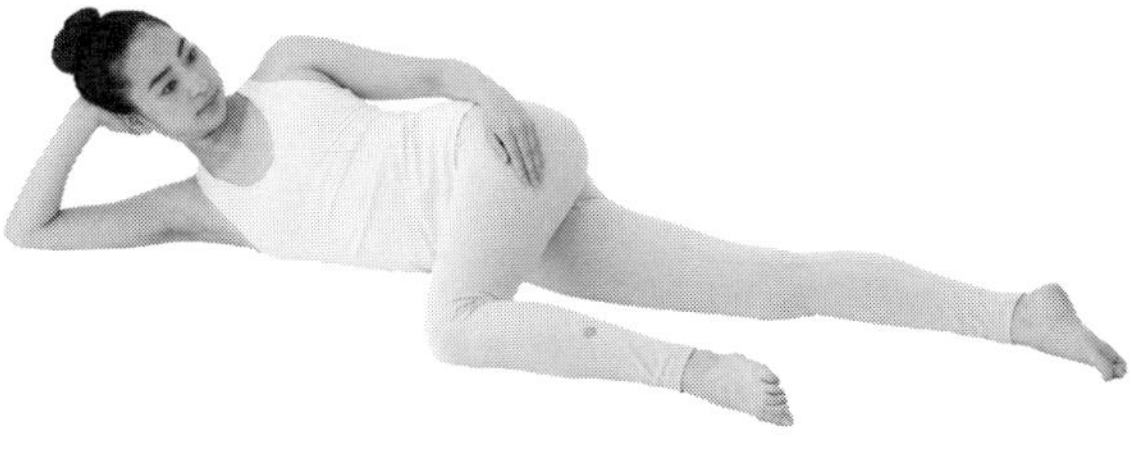

PART 3

10年後に差が出る生活習慣

装幀デザイン　村田 隆（bluestone）
本文イラスト　きくちりえ（Softdesign）
撮影　小林潤次（七彩工房）
モデル　文月（シュルー）
ヘアメイク　福井乃理子（シードスタッフ）
スタイリスト　梅本亜里（シードスタッフ）
撮影協力　イージーヨガ（イージーヨガジャパン）☎03-3461-6355
本文デザイン・組版　朝日メディアインターナショナル株式会社
編集協力　矢沢美香

PART 1

リンパひねりで全身すっきり！

あなたのリンパはちゃんと流れていますか？

◆刺激を与えないとリンパの流れが滞り、むくみの原因に

「リンパひねり」のねらいは、文字どおり、ひねりの動きを利用してリンパの流れを促すことですが、リンパがなぜ大事なポイントになるのでしょうか？

リンパの主な働きは二つ。一つは、**不要になった老廃物を回収して排出する役割**です。リンパの流れが悪くなり、排出機能がスムーズにいかなくなると、余分な水分をためこみやすくなります。これがむくみの原因です。

過剰な水分は体を冷やすので脂肪が燃えにくい体になりますし、たまった老廃物が細胞を傷つけ、新陳代謝もダウン。脂肪が落ちにくくなるだけでなく、シミ、くすみ

など肌の調子にも影響してしまうのです。

また、**リンパは病原菌などから体を守る免疫機能を持っています。**免疫力が弱まると体の不調から、疲れやすく、ますます動きたくなくなる、という悪循環に……。

後にくわしく触れますが、実はみぞおちの奥に、**乳び槽《にゅうそう》**というリンパ液のタンクのような部分があります。乳び槽は、全身へリンパ液を送り出すための要《かなめ》。ここの流れが詰まると、脂肪も排出しにくくなることが近年、わかってきました。

リンパがきちんと流れることで体内の水分量が適切に保たれ、毒素も排出できるのですが、実はリンパは自分の力で動くことができません。筋肉の収縮や呼吸によって刺激を与えることでしか、リンパ液が流れる方法はないのです。マッサージなどでリンパを刺激するとよい、といわれるのもそのため。外から刺激を与えることが、リンパ液を流す手助けになるからです。

リンパの流れが悪くなる大きな理由は、体を動かさないことと、悪い姿勢。

猫背になるとみぞおち周辺のリンパ管が圧迫されますし、呼吸が浅くなるので、リンパへの刺激が弱くなり、流れを滞《とどこお》らせてしまいます。

リンパのしくみを知ろう

◆脂肪の追い出しは、リンパの乳び槽がカギを握っている

リンパとは、体のお掃除をしてくれる浄水場のようなもの。

パイプの役目をするリンパ管は、血管にからみつくように全身に張り巡らされています。管の中には黄色っぽい透明なリンパ液が流れていて、毛細血管からにじみ出た水分や細胞のゴミなどを回収しながら、静脈に戻すという仕事をしています。

といっても、単に回収したものを血管に戻しているだけではありません。

リンパ管には、ところどころにそら豆状に膨《ふく》らんだ**リンパ節**があります。リンパ節は全身に約８００箇所あるといわれますが、ここには免疫細胞が集まっていて、有害

物質や病原菌などの異物を見つけると撃退します。

つまり、リンパ節はリンパ液をきれいな状態にろ過し、血液に異物が入らないようにして体を病原菌などから守っているのです。


さらに最近注目されているのが**乳び槽**の働き。

乳び槽とは、おへそから指4本分くらい上の背中側にあるリンパ管の一部です。風船のように伸び縮みする袋状になっていて、食べ物から吸収された脂肪分なども集まるため、食事後は乳白色のどろっとした液体でパンパンに膨らみます。

乳び槽は、いわば高速道路のジャンクションのようなもの。腸や下半身のリンパ液がいっきに交わる場所なので、ここが停滞すると、全身に送り出されるリンパの流れも悪くなってしまうのです。

血管にはポンプの役割をする心臓がつながっていて、心臓の送り出す力によって血液は血管の中を勢いよく流れていきますが、リンパは心臓のようなポンプ機能を持っていません。**そのため、意識的に動かしたり刺激したりすることがとても大切なのです。**

そのトレーニング、本当に効いていますか？

◆運動はやり方次第で効果に差が出る

たくさんの方の体を見ていると、毎日何十回も腹筋するなど、ご本人は一生懸命がんばっているけれど、「努力のわりに成果が出ていないな」「ケガしそうで心配」と感じることがあります。

腹筋運動というと、仰向けの状態から上体を起こすやり方が昔からよく知られていますよね。でも、実は上体を起こす際に腰に負担がかかるため、腰を痛める人がとても多いのです。

これまでは上体をしっかり起こしきらないと効果がないと思われていましたが、床から45度くらい体を浮かすだけで、十分に腹筋は鍛えられるのです。

それに、上体起こしは主に腹直筋《ふくちょくきん》（お腹の前面にある筋肉）を鍛える運動。ムキムキのシックスパックを作りたい人は別ですが、メリハリのある美しいボディラインを目指したい人や、ダイエットしたい人にはもっと効率のいい運動があります。

腹直筋だけでなく、お腹周りにコルセット状にある腹斜筋《ふくしゃきん》や腹横筋《ふくおうきん》も鍛えることできれいなウエストのくびれができますし、**広範囲の筋肉をバランスよく鍛えるほうが、脂肪燃焼効果も高まり、ダイエットには有効です。**

また、長時間同じペースでランニングをするよりも、30秒間ダッシュして、30秒間休む、というふうにインターバルを入れながら強弱をつけて走るほうが、成長ホルモンが出やすく、回復機能や心肺機能も高まることがわかっています。

このように、運動はやり方次第で効果を上げることができますし、逆に、いくらがむしゃらに運動をしても効果が上がらないこともあります。無理をすると、血管や関節などに負担をかけ、ケガのリスクにもつながります。

ご家庭でエクササイズを行なう場合は、やり方が間違っていないか、体の様子や変化などに十分注意しながら行ないましょう。

リンパひねりでなぜやせるのか？

◆インナーマッスルや背中も同時に鍛えて脂肪を燃焼

「リンパひねり」は、お腹周りをひねることによる〝**遠心力**〟を利用したエクササイズです。15ページでお話ししたように、リンパは血液と違って心臓のようなポンプ機能がないため、刺激がないと勢いよく流れません。

そこで、リンパの〝心臓部〟となる乳び槽のあたりを高速でひねることによって、乳び槽がポンプのような力を発揮し、全身のリンパの流れが活性化されるのです。

乳び槽は下半身のリンパ液が大量に集まる部分なので、特にむくみがとれることによる脚やせ効果が実感できます。モニターで何度も試しましたが、その威力たるや、たった30秒でふくらはぎがマイナス0・5㎝という結果が続々！
もちろん、これは一時的な効果で、時間が経てば戻ってしまいますが、続けることでむくみにくくなり、リンパの流れとともに血流もアップ。血行がよくなると冷えが改善して脂肪も燃焼しやすくなるのです。

また、お腹の筋肉がダイレクトに刺激されるので、ウエストもサイズダウンします。骨盤周りのインナーマッスルも強化され、正しい姿勢、正しい歩き方ができるようになるので、下半身に無駄なぜい肉がつきにくくなるのです。

さらに、腕を上げて行なう動作にも意味があります。肩甲骨周りを動かすことで背中の広範囲の筋肉が鍛えられると同時に、褐色《かっしょく》脂肪細胞《しぼうさいぼう》を刺激できます。褐色脂肪細胞とは体の〝熱工場〟のようなもので、背中周りに多く存在します。褐色脂肪細胞を活性化することで、代謝がアップし、効率よく脂肪を燃やしやすくなります。

30秒間で腹筋100回分相当の熱量を発揮

◆想像以上の全身運動効果で代謝を上げ、脂肪を燃やしまくる！

「リンパひねり」はその場で立ったまま、脚も動かさない、しかもたった30秒、ということで、「こんなに小さな動きで本当に効くの？」「もっと長くやったほうが効果が上がるのでは？」と思う人も多くいらっしゃいます。

ですが、実際にやってみると30秒間が長く感じるくらい、息も切れますし、姿勢をキープするのがきついと感じるはずです。

というのも、**リンパひねりは、リンパに刺激を与えるだけではなく、全身運動効果の高いエクササイズ**だからです。

お腹周りを全体的にひねることによって、腹直筋、腹斜筋、腹横筋などがまんべんなく鍛えられますし、ひねるときに体がブレないように踏ん張るので、太ももの裏側や内もも、お尻などの下半身の筋肉もしっかり使います。

腕を上げることで広背筋《こうはいきん》も刺激します。

つまり、筋肉の中でも大きい筋肉を一度に鍛えることができるのです。

また、筋肉はパワーを生み出すだけでなく熱を発生させますが、筋肉に重たい負荷をかける運動よりも、リンパひねりのように、スピードを加えた運動のほうが多くの熱を生み出すこともさまざまな研究からわかっています。

熱量が上がれば、エネルギー消費量も大きくなるので、たまに筋トレを行なうよりも、「リンパひねり」を毎日行なうほうが、ラクに、確実にやせられるのです。

「リンパひねり」は、血液やリンパの流れも促すことでさらに熱量がアップするので、少なく見積もっても、お腹だけを鍛える腹筋100回分相当の熱量を生み出すことが期待できますよ。

やせるだけじゃない！他にもメリットがたくさん

◆肩こり、肌のたるみ、尿もれ予防にも効果的

「リンパひねり」をすると、肩こり、首こりがラクになったという人も多くいらっしゃいます。なぜなら、姿勢の矯正やストレッチ効果も期待できるからです。

肩こりや首こりが起きるのは、猫背などの悪い姿勢によって、後頭部、首、肩に広がる僧帽筋《そうぼうきん》が常に引っ張られ、緊張状態になっているためです。

入浴やマッサージで一時的にこりが和らいでも、姿勢が悪いままだとなかなか改善することができません。

その点、「リンパひねり」は、動きそのものが、正しい姿勢で歩くことと同じ効果

があり、体幹などが鍛えられることで正しい姿勢を保ちやすくなります。

同時に、前のめりの姿勢で前方に引っ張られている肩周りや背中の筋肉をストレッチするので、こりも緩和されるというわけです。

猫背の人は、肩の内側にある胸郭出口《きょうかく》という関節や筋肉の交わる部分が詰まりがちですが、「リンパひねり」で胸を大きく開くと胸郭出口周りの流れがよくなり、老廃物が出やすくなります。肌のたるみが気になる人や小顔になりたい人にもおすすめです。

また、骨盤周りのインナーマッスル（骨盤底筋《こつばんていきん》）が鍛えられることも大きなメリットです。骨盤底筋は、膀胱《ぼうこう》、子宮、直腸などの臓器を支えている筋肉ですが、加齢やホルモンバランスの変化によってゆるんできます。骨盤底筋の筋力が低下すると内臓が下がり、ぽっこりお腹や垂れ尻をはじめ、冷え、便秘、尿もれなどのトラブルにもつながってしまいます。

「リンパひねり」は、骨盤底筋を強化するので、こうした女性特有の悩み改善やアンチエイジングにも役立ってくれます。

悪い姿勢がすべての元凶

◆立つ、座る、歩く、すべての動きがゆがみ、脂肪太りや不調を招く

お腹周りや脚、二の腕などに余分な脂肪がついたり、ボディラインが崩れたりする根本的な原因は、悪い姿勢にあります。

普段の生活の中で、スマホやパソコンを使うときに前傾姿勢になったり、椅子の背もたれに寄りかかってお腹を突き出すように座ったり、ほおづえをついたりして、ついラクな姿勢をとりがちですよね。

でも、それが姿勢を崩すもとなのです。

悪い姿勢を体が覚えてしまうと、骨格がゆがみ、筋肉もゆがみ、立つ、座る、歩くといった動作すべてがゆがんで、体の使い方がアンバランスになってしまいます。

例えば、猫背の人は歩くときに体重が前にかかるため、ひざが曲がり、ひざ下から先だけでちょこちょこと歩く傾向があります。体の前側の筋肉ばかり使うので、筋肉を使わない太ももの裏やお尻にぜい肉がついて脚が太くなりますし、背中にも脂肪がついて、二の腕もたるみがちになります。

ゆがみは体のさまざまなトラブルの引き金にもなります。ゆがみによって肩や首の筋肉が一方に引っ張られると、こりが生じ、血流やリンパの流れも滞り、全身の不調にもつながってしまうのです。

つまり悪い姿勢こそ、美と健康の大敵！

ゆがんだ姿勢のまま運動していくら筋肉をつけても、バランス悪く筋肉がつくだけで、美しいボディラインを手に入れることができません。

その点、「リンパひねり」は、ポーズをとること自体が正しい姿勢を作り、続けることで美しい姿勢を自然に体が覚えていきます。

まずは自分の姿勢の悪いところを知ることからスタートしましょう。

姿勢チェック

鏡や壁を使って、あなたの立ち姿をチェックしてみましょう。意識すると正しい姿勢をとろうとして欠点が見えないことがあるので、何も考えず、普段どおりの姿勢のままやってみてください。

鏡の前でチェック

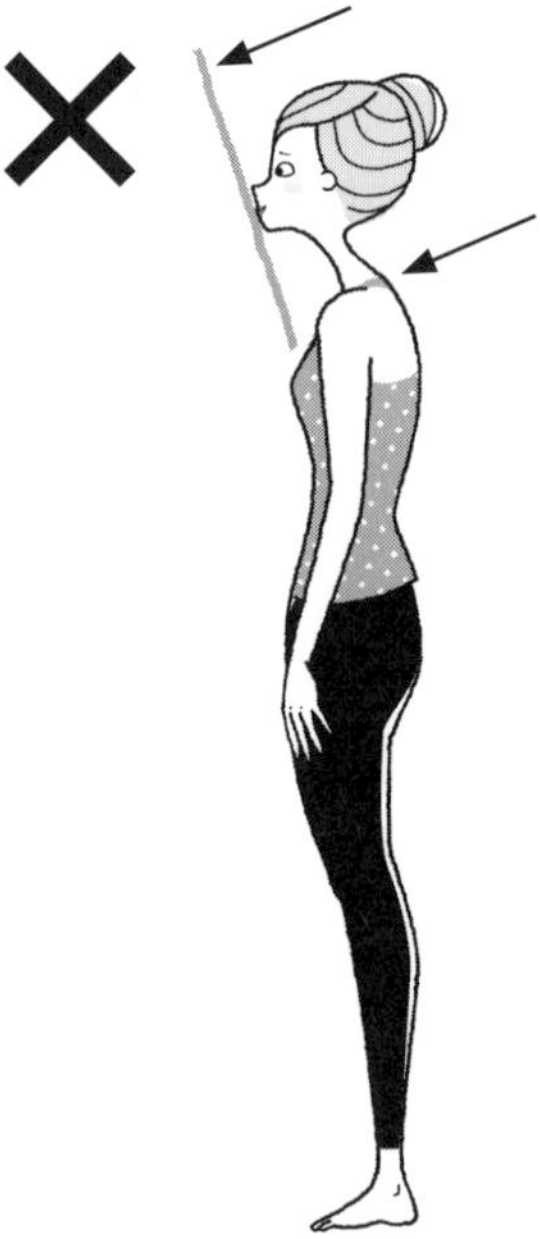

横からチェック

背中が丸くなっていないかチェック。あごが上がり、首が前に出ているのは猫背の特徴です。

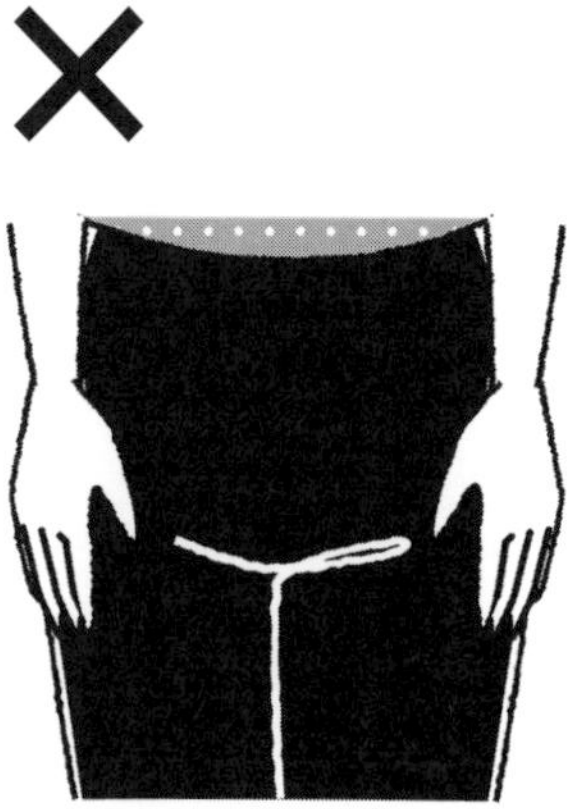

前からチェック

鏡の正面に立ったとき、手の甲はどのくらい見えていますか？
本来、腕は体の真横に下りるようにできているので正面からはほとんど見えないはず。
手の甲が見えるということは、肩が内側に入りこんでいる証拠です。

壁の前でチェック

壁に、頭、背中、お尻、かかとをつけて立ってみましょう。

猫背

◆肩が前に出て、内側に巻いている

両肩と両ひじが自然に壁についているかチェックしてください。肩やひじが壁につかない人は、猫背が定着している可能性大。

◆骨盤が後ろに傾き、お腹がぽっこり出ている

腹筋や骨盤周りの体幹が弱いと、お腹を突き出したような形になります。骨盤が後ろに倒れるとバランスをとろうとして、上半身が前のめりになるので、猫背になりがちです。

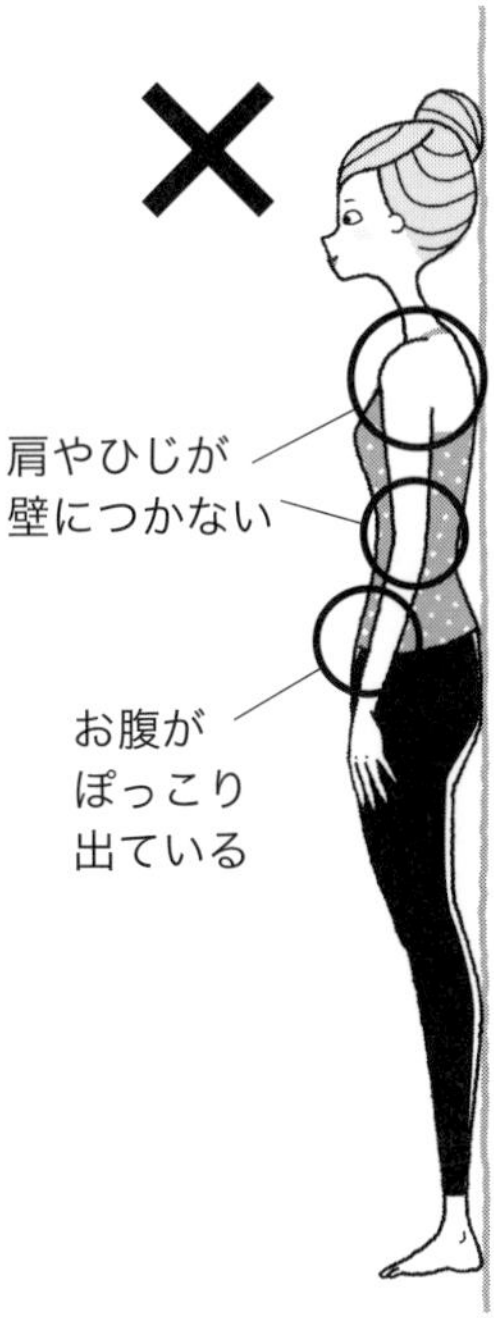
×
肩やひじが
壁につかない
お腹が
ぽっこり
出ている

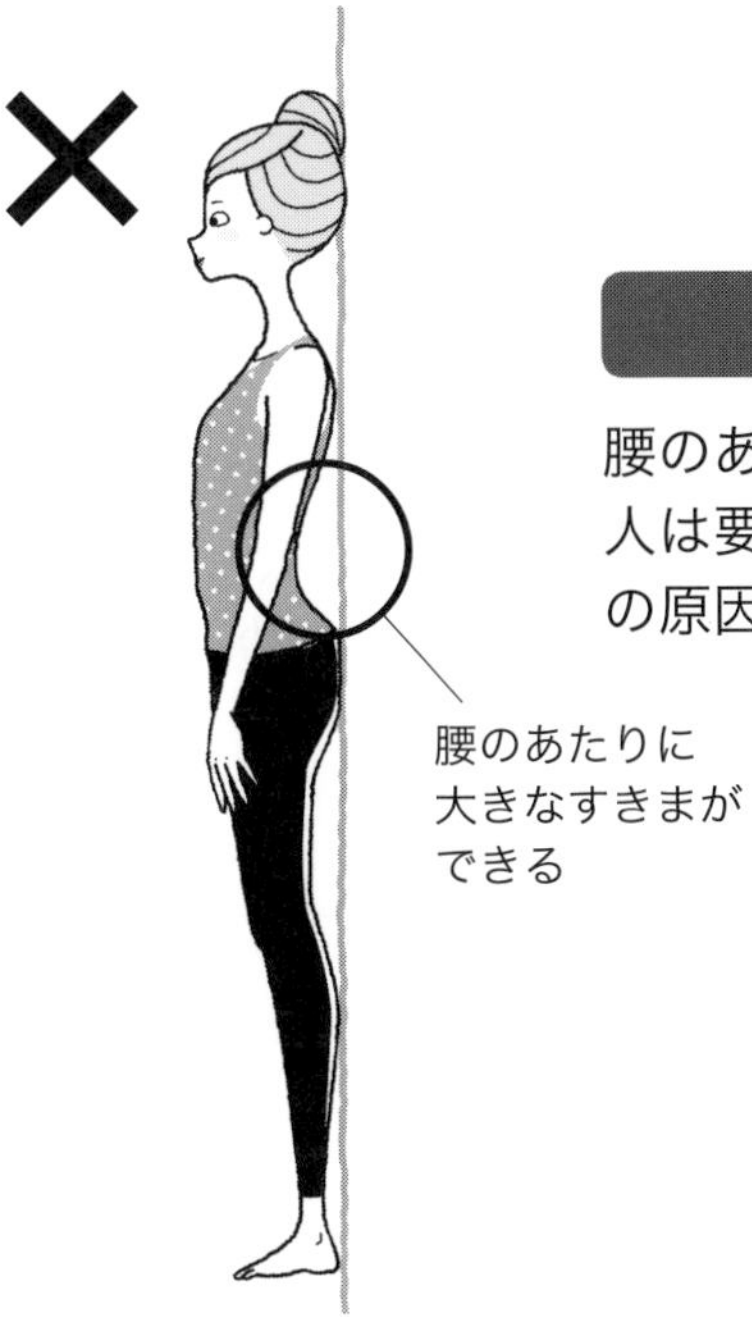
×
腰のあたりに
大きなすきまが
できる

反り腰・出尻

腰のあたりに大きなすきまができる人は要注意。反《そ》り腰や出尻《でじり》は、腰痛の原因にも。

歩き方チェック

姿勢が悪い人は、筋肉がバランスよく使えないので、歩き方まで悪くなります。悪い歩き方の例をいくつか挙げましたので、こんな歩き方をしていないか、チェックしましょう。

モンローウォーク

股関節から前に出すのが正しい歩き方ですが、脚の付け根に体重を乗せて歩く人は、股関節が左右にブレて、太ももの外側の筋肉が張り出してきます。これだと、いくらウォーキングしても、脚は細くなりません。

出尻歩き（内股歩き）

内股でお尻を突き出す歩き方をすると、お尻が大きくなります。
背中が硬い人に多く、反り腰になりやすいので、腰に負担がかかる心配も。

すり足歩き

猫背の人に多い歩き方です。

本来、歩くときに使うお腹、お尻、太ももの筋肉を使わず、ひざから下だけで地面をするように歩くので、特にお腹周りに脂肪がつきやすくなります。

つま先歩き

ハイヒールを履く人に多い歩き方。グラグラしてバランスがとれないと、つま先から着地するので、血液を押し上げにくく、ふくらはぎがむくみやすくなります。

普段の姿勢がスタイルを決める

◆日常で役立つ、正しい姿勢・歩き方のコツ

悪い姿勢が脂肪太りや体の不調につながる、とお話ししてきましたが、普段の生活の中での動きについて、もう少しくわしく解説してみましょう。

例えば座ったときの姿勢。背中を丸めて前かがみになる、腰を前にずらし、お腹を突き出すように椅子の背にもたれかかるなどのような姿勢ばかりしていませんか？　お腹や骨盤周りの筋肉が少ない、いわゆる体幹が弱い人にありがちな姿勢ですが、こういう姿勢がクセになると骨盤が傾き、ますます猫背に。ラクな姿勢でいると筋肉を使わないので、筋力はどんどん低下。骨や関節などに負担がかかるので、腰を痛め

る原因にもなってしまいます。

座るときにおすすめなのが、お尻の下にくるっと丸めたバスタオルを敷《し》く方法。タオルの端にお尻を引っ掛けて座るようにすると骨盤がしっかり立つので、これだけでもまっすぐな姿勢を保つことができます。

丸めたバスタオルを
椅子に置いてお尻を
引っ掛けて座ると骨
盤がしっかり立つ。

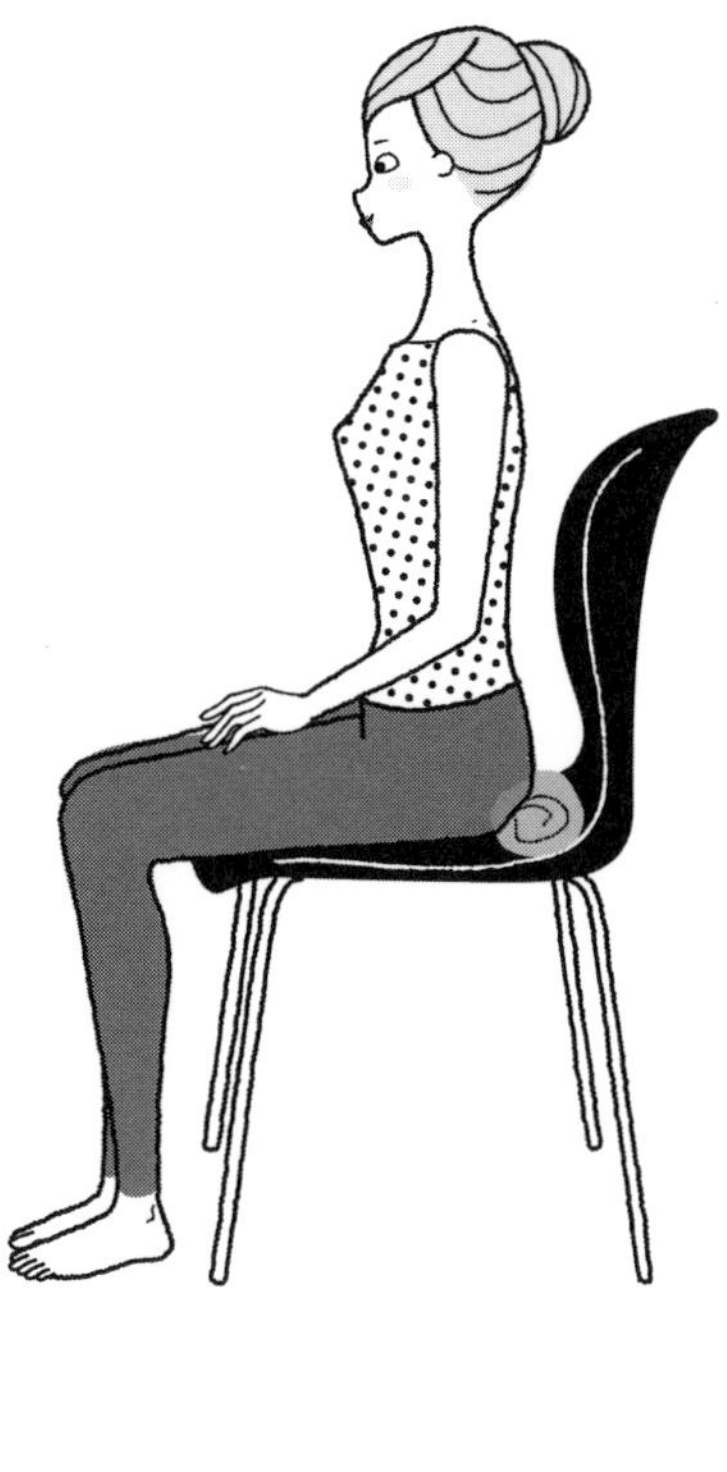

パソコン作業などで座りっぱなしの人は、とにかくできるだけマメにその場から動いて体の循環をよくしましょう。もちろん、立ったついでで、お茶を入れるついでに「リンパひねり」を行なえば、滞ったリンパや血液の流れがよくなり、むくみも改善できます。

また、特に女性は、運動しても二の腕が細くならない、という人がとても多いのですが、それも普段の姿勢が原因。猫背で肩が前に入ると、腕を後ろに引く動作が少なくなるので、使わない背中の裏側や二の腕の筋肉が衰えて脂肪がつきます。

普段のちょっとした動作が前のめりになっていないか注意して、バッグを持つ手を前後に振って動かすようにするなど、**意識的に腕を後ろに引くようにましょう。**

もう一つ、姿勢よく歩くコツをお教えします。

猫背の人は足先だけでちょこちょこ歩くので、体幹も脚の筋肉も上手に使えていません。そこで、まず、**股関節を前に出すことを意識してみましょう。**

足先から出すのではなく、お腹に軽くキュッと力を入れ、体が左右に揺れないように軸をしっかりさせ、股関節から前に！

そして、かかとから着地し、地面に押し付けるようなつもりで足裏全体をしっかり使ってつま先に体重を移動。股関節をしっかり使うとひざの裏もまっすぐに伸びますし、体より後ろに引くように腕を振ると、猫背で詰まりがちな胸が開いて、背中もよく動かせるようになります。

慣れないうちは難しいかもしれませんが、普段から正しいフォームで生活するようになると、今まで使わなかった筋肉を使うようになり、体のラインも確実に変わってきます。実践あるのみ！

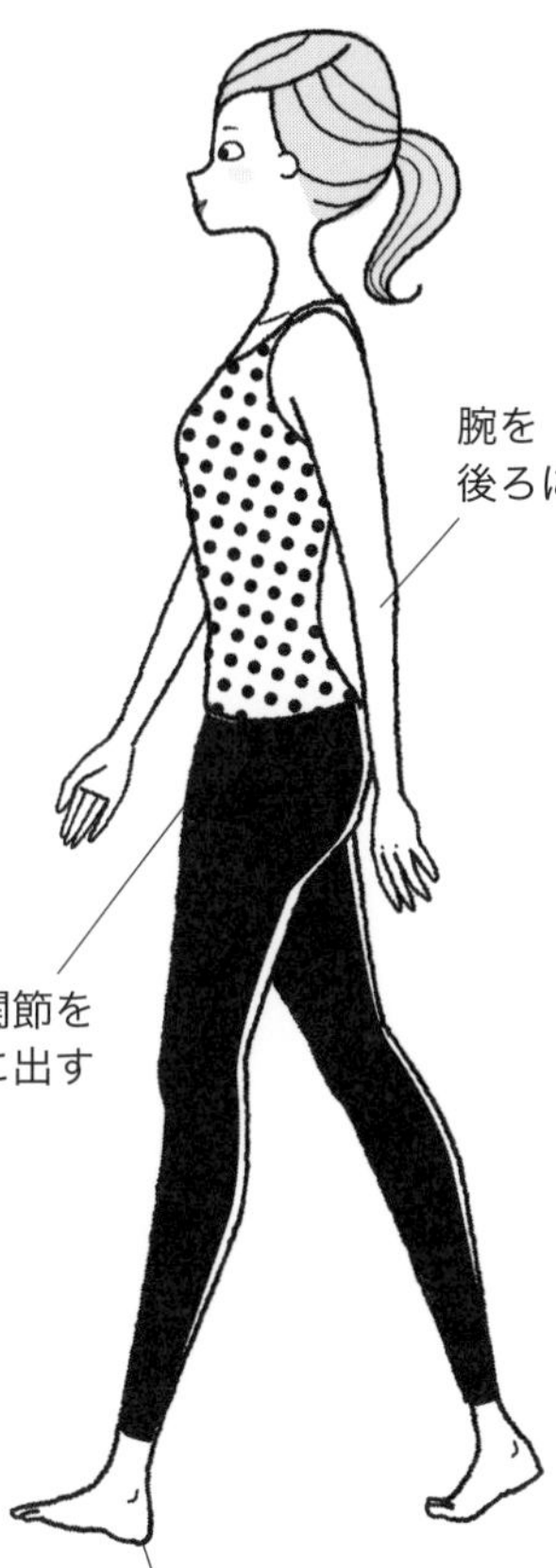
腕を
後ろに引く
股関節を
前に出す
かかとから着地する

肩甲骨のやせ細胞を刺激しよう

◆肩甲骨周りの硬さが太るもと！

脂肪細胞には、内臓脂肪や皮下脂肪に変わってしまう**白色脂肪細胞**と、その脂肪を燃やしてくれる**褐色脂肪細胞**があります。

褐色脂肪細胞は、肩甲骨の周囲などに多く存在していて、筋肉の80倍の熱を作りだすともいわれています。

そのため、肩甲骨周りの筋肉や神経を刺激することで、褐色脂肪細胞の働きが活発になり、脂肪が燃えやすくなると考えられています。

ただし、その数には個人差があり、運動をしない人や太っている人は褐色脂肪細胞が白色脂肪細胞に置き変わってしまっている可能性もあります。

脂肪細胞についてはまだくわしいことははっきりわかってはいませんが、近年、褐色脂肪細胞と同じように脂肪を燃やす働きをする**ベージュ細胞**という脂肪細胞も見つかっていて、褐色脂肪細胞が増えるメカニズムなども研究が進んでいます。

いずれにしても、背中の大きな筋肉を鍛えることは代謝アップや脂肪燃焼に効果的ですし、猫背の人や反り腰の人は、肩甲骨が動かしにくいので、特に意識して鍛えたい部位です。

左右にある肩甲骨が体の中心に寄っていて、天使の羽のように見えるのが正常な肩甲骨の状態です。

ところが、姿勢がゆがむと周囲の筋肉に引っ張られて肩甲骨がずれ、外側に開いたり、左右で高さが違ったりしてしまいます。

肩甲骨のゆがみは、ちょっとした動作で確認できますので、次に紹介するポイントをチェックしてみましょう。

両腕を合わせて上に引き上げてみよう

鏡を見ながら行なってみましょう。手のひらを顔側に向け、顔の前でひじから小指までの腕の側面をピタリとくっつけて、ひじを90度に曲げます。その状態をキープしながらまっすぐ両腕を上に引き上げます。その際、ひじがあごより上にくればOKですが、あごの位置よりも上がらない人は、肩甲骨周りの筋肉が張っていて硬い証拠です。

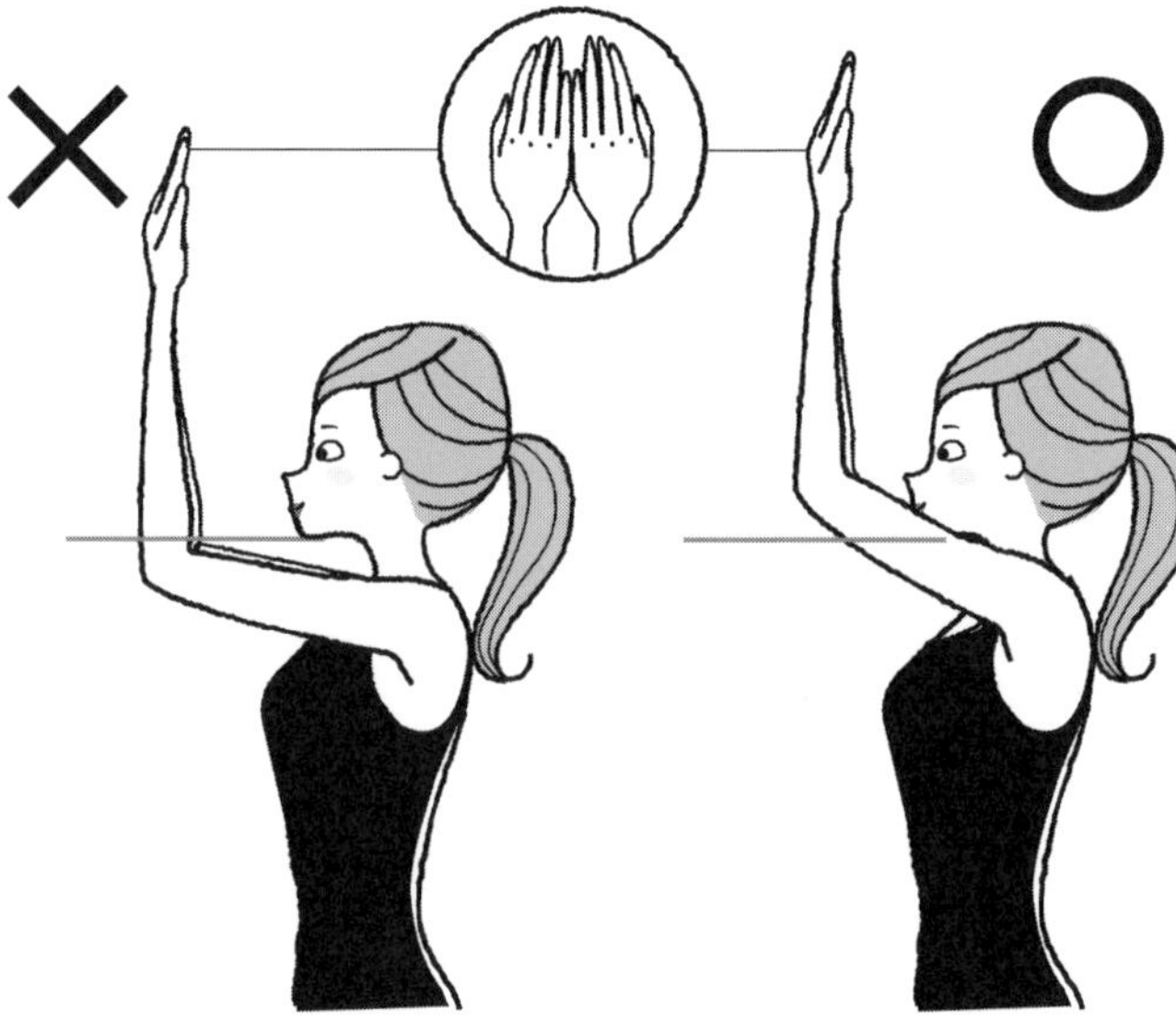

頭の上で両手のひらを合わせてひじを伸ばしてみよう

頭の上で両手のひらを合わせて、ひじをまっすぐ伸ばして上に上げてみましょう。合わせた左右の指が上下にずれていたら、肩甲骨がゆがんでいるかも。指が下にずれている側の肩甲骨が下がっている状態です。

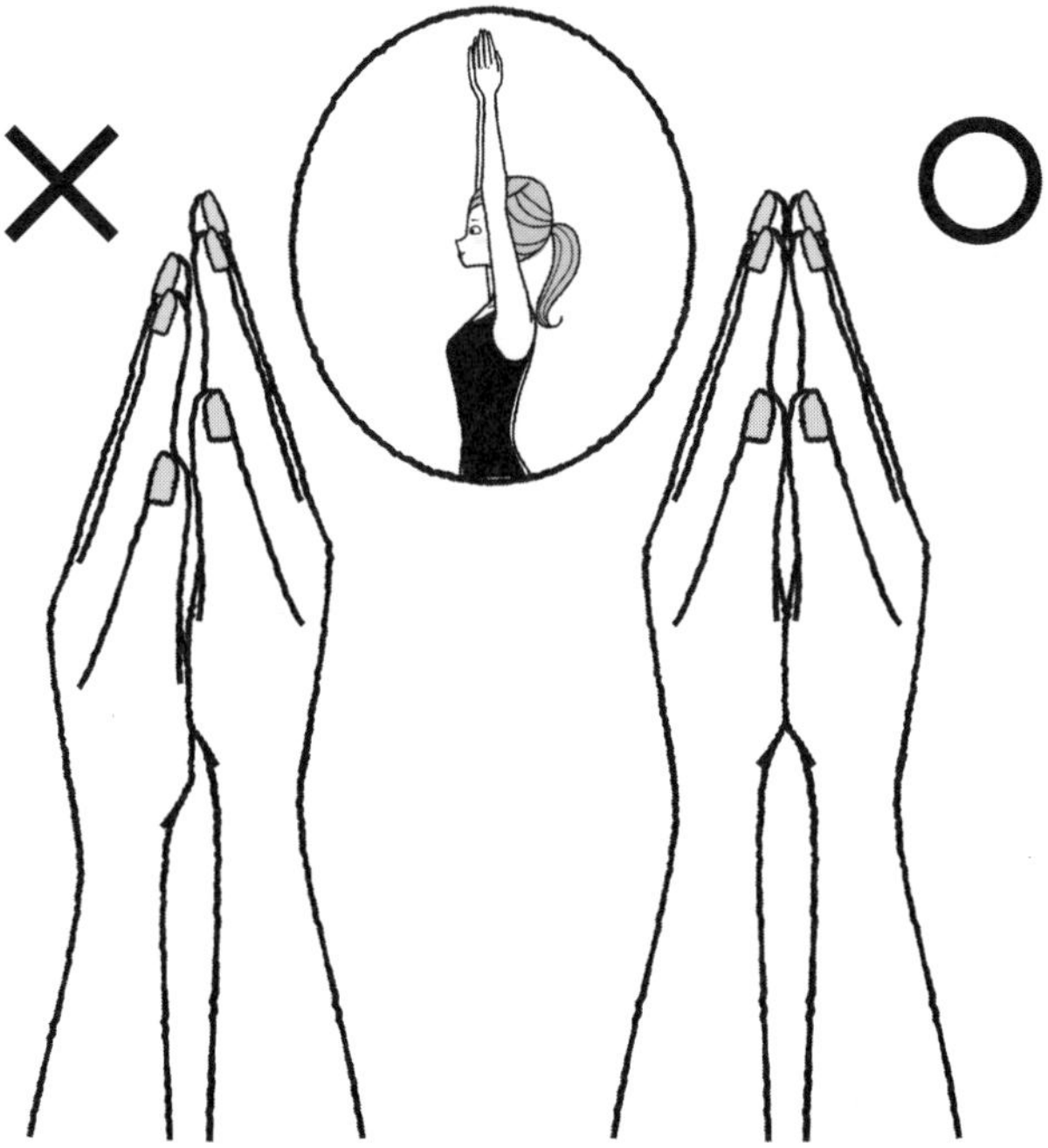

← ついでに他の部位のゆがみもチェックしてみましょう

目を閉じて その場で足踏みしてみよう

目を閉じて、できるだけその場から離れないように、手足を大きく振って足踏みしてみてください。周囲にぶつかるものがないか注意しながら行ないましょう。

30秒くらいたったら目を開けて位置を確認します。最初の位置から半径1m以上ずれたり、体の向きが45度以上変わっていたりすれば、左右どちらかに体がゆがんで回旋《かいせん》しているということです。

仰向け&うつ伏せに寝たときの足の向きは?

リラックスした状態で仰向けに寝たとき、つま先はどこを向いていますか？　45度以上開いている人は、体の外側の筋肉ばかり使って、体幹や太ももの内側などの筋肉が弱いということです。また、うつ伏せに寝たとき、つま先が外に向いてしまう人は骨盤が外に開いてしまっているため、お尻が大きくなったり、太ももが太くなったりします。

仰向け

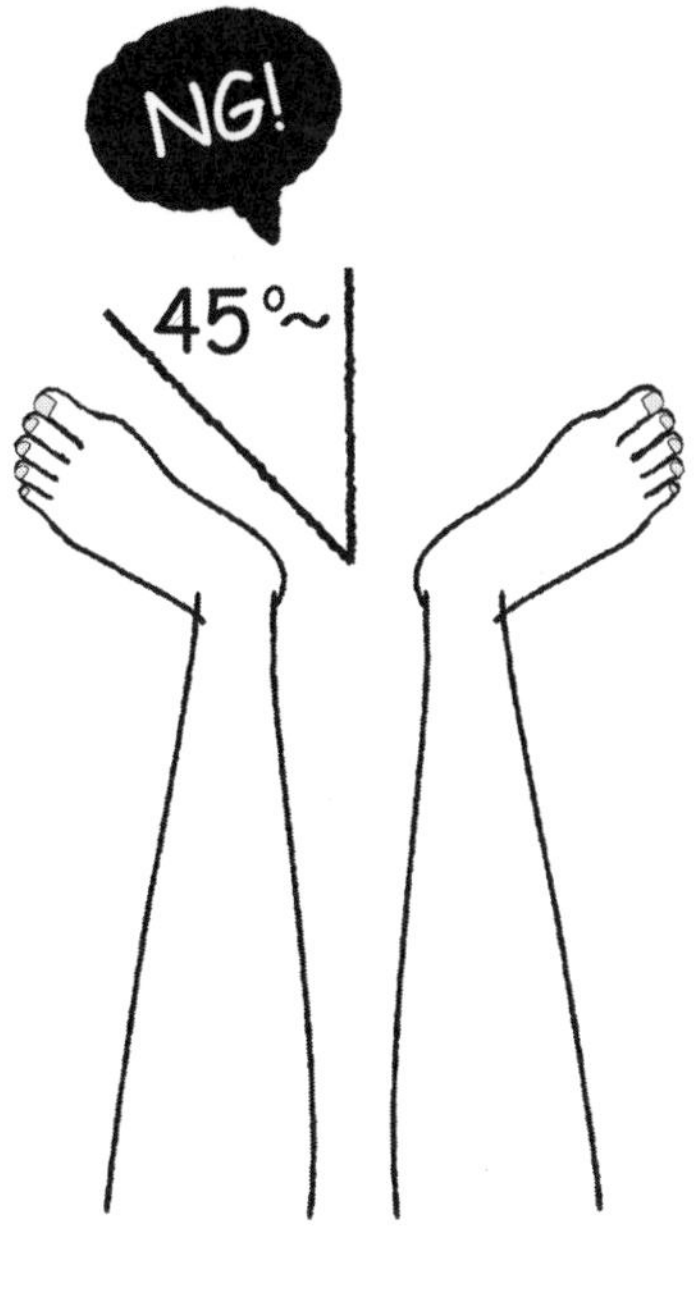

うつ伏せ

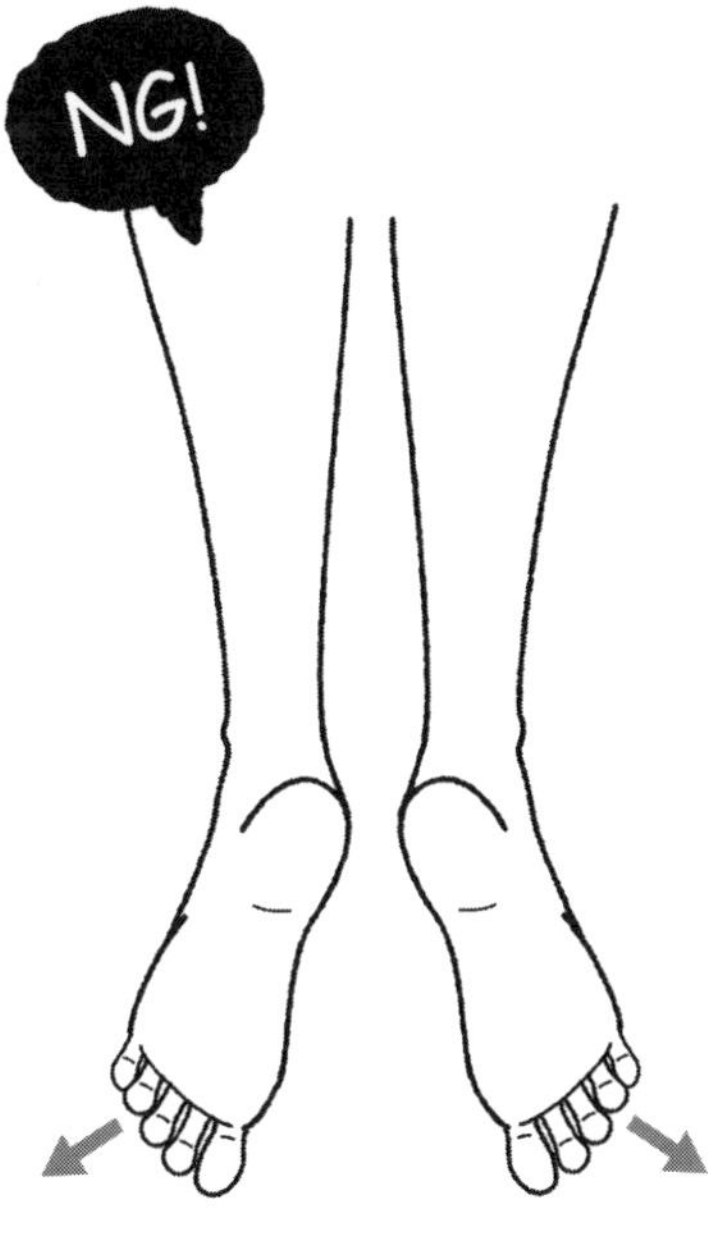

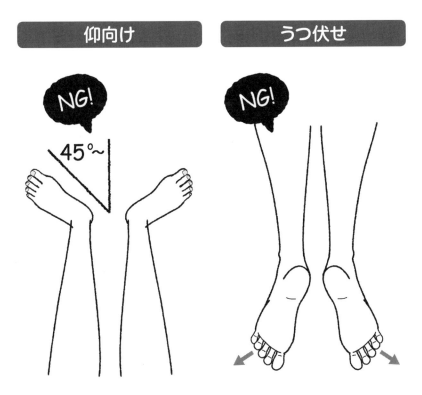

ひねりの動きのヒミツ

◆血液やリンパの流れを促進。ストレッチ効果も上がる

「リンパひねり」は、**体の真ん中に柱が1本通っているイメージで立ち、お腹周りを洗濯槽のように素早くひねる**という動きが特徴です。

私がなぜひねる動きに注目したのかというと、血液もリンパ液も直線的に流れているのではなく、管の中をらせん状にぐるぐると流れているからです。

人間の体はカーブが多く、全身に張り巡らされた血管やリンパ管も曲がりくねっています。その中をまっすぐ液体が流れると、曲がり角で流れが停滞したり、集中的に力が加わったりして血管にダメージを与えてしまいます。

そのため、らせんを描くように流れることで、安定した状態で血液やリンパ液が全身を巡ることができ、ゴミ（プラーク）などの蓄積を防ぐことができるといいます。

つまり、らせんの流れを助けるようなひねる動きをすることで、さらに血液やリンパ液の流れがスムーズになり、エクササイズ効果がアップします。

体の流れがよくなると酸素や栄養素を体のすみずみに運べるようになるので、体の回復力が高まり、ダイエット効果も底上げすることができます。

また、ひねる動きを加えることで、筋肉をストレッチする効果も高まります。

首や腰などに痛みがある場合は、ひねる動きは気をつけなくてはいけないのですが、「リンパひねり」は首や腰に必要以上に負担がかからないよう、手足でロックをかけているので、正しいやり方で行なえば、むしろ腰周りの筋肉が鍛えられ、腰痛予防にも役立ちます。

ＰＡＲＴ２でひねりの動きを応用したエクササイズをご紹介していますので、ぜひ取り入れてください。

ストレッチで体のゆがみをリセットしよう

◆体を効率よく動かすには〝しなやかさ〟がキーワード

筋肉を鍛えようと、重たい負荷をかけたり、ギューッと力を入れたりすることだけを意識している人は多いのですが、それは間違い。

筋肉は、しなやかに伸び縮みできる柔軟性がとても大事なのです。テントを張る場面をイメージしてみてください。片側が強く引っ張られた状態でテントを組むと、反対側がゆるんだり、ゆがんだりしてバランスよく張れませんよね。

それと同じように、筋肉も表裏一体です。普段の生活で前側の筋肉ばかり使っていて、裏側を使わないから二の腕がたるむ。前側の太ももが張って、内ももやお尻に脂肪がつく。

つまり、脂肪太りや固太《かた》りでスタイルが悪くなるのは、表と裏の筋肉がまんべんなく使えていないからなのです。

筋肉は、ただ鍛えればいいのではなく、表も裏もバランスよく鍛えないとスムーズに体が動かず、どこかに負担がかかってしまいます。

そこで、しなやかな筋肉を作るために欠かせないのがストレッチなのです。縮んだ筋肉をゆるめ、アンバランスな筋肉のゆがみを調整します。

また、血管や筋肉はコラーゲンで包まれていますが、しっかりと伸び縮みさせることで元気な新しいコラーゲンが生まれ、若々しさを保ってくれます。

「リンパひねり」は、ストレッチの要素を兼ね備えているのが大きな特徴です。

親指と人差し指を立てる指差しポーズにも、首、肩、腕の筋肉をしっかり伸ばす効果があります。

シンプルなエクササイズではありますが、指先まで意識して丁寧に行なうことが効果を上げるコツですよ！

無理せず、毎日続けることが大事

◆1日30秒からでOK。長くても1分で十分！

「リンパひねり」は、短時間で効果を発揮するように考案したメソッドですので、基本は1日1回30秒〜1分でOK。長い時間やる必要はありません。

私自身、1分続けるときついと感じるので、ラクに感じる人はやり方が間違っている可能性もあります。

ポイントは、頭と足を動かさないことと、できるだけ高速でひねること！

お腹とお尻にキュッと力を入れ、体の軸を安定させることを意識しながら行なってください。

30秒続けるとみぞおちのあたりがキューッと痛くなりますが、筋肉痛のようなもので、それこそが乳び槽に効いているサイン。

タイミングや場所を選ばないので、ランチタイムや家事の合間に手軽にできるのもメリットです。

毎日続けることで、正しい姿勢のクセがつき、サイズダウンにつながるので、まずは2週間続けてみてください。

腰痛などで不安がある人は、様子を見ながら、決して無理をしないようにしてください。

COLUMN

首を温めるだけでも体は変わる

首は体の機能を保つための要所

現代人は、スマホの使いすぎなどから、前のめりの姿勢で頭が前に出ることによるストレートネックや首こりの人が増えているといいます。

重たい頭の負荷が首や肩にダイレクトにかかるので筋肉がこって、血流が悪くなります。

首は脊髄《せきずい》や神経、大事な血管などが密集し、自律神経にも関わる要所。そのため、首の不調は自律神経の乱れにもつながり、頭痛、疲労、不眠、冷えなどさまざまな不調を招いてしまうのです。

姿勢改善とともに首を温めることを心がけましょう。

ストールやホットタオルなどで首元を温めることで、筋肉がほぐれて血流がアップ。血管が広がると副交感神経が優位になり、よく眠れるようになって疲労回復もスムーズに行なえます。血流が改善すると代謝が上がるので免疫力もアップ。

さらに、首の周りには褐色脂肪細胞がたくさんあります。首元を温めることで、やせ細胞も活性化します。

首のあたりを手で触ってみて、ひやっとするようなら、即実践すべし！

PART 2

「ひねり」でやせる！姿勢が変わる！

※病気やケガの治療中の方は必ず主治医と相談してから行ないましょう。
※効果には個人差があります。無理をせずできる範囲で行ないましょう。
※エクササイズを行なった際に体に異変が生じたり、痛みを感じたりした場合は、すみやかに中止してください。

PART2の取り組み方

◆シンプルな動きだからこそ、フォームを大事に！

さあ、ここからは実践編！

まずは基本の「リンパひねり」をご紹介します。

立ったその場でできるシンプルなエクササイズですが、大事なのは正しいフォームで行なうことです。

フォームが乱れた状態だと、せっかくの効果も半減してしまいますので、最初は姿見などでチェックしながら行なうといいでしょう。

正しい姿勢をキープしたまま、体の軸をしっかりさせ、みぞおちのあたりに意識を集中しながらお腹を左右に大きくひねります。

腹筋や下半身の筋肉が弱い人は、お腹やお尻にキュッと力を入れると、ぐらつかずに体が安定します。

やってみると、かなりきついと感じるかと思いますが、呼吸は止めずに、30秒は連続して行ないましょう。

体が硬い人は、最初は思うようにひねることができないと思いますが、続けるうちに徐々に動きに慣れてきますので、コツがつかめたら1分間を目標にしましょう。スピードアップするとさらに遠心力が加わるので、引き締め効果もアップします。

また、猫背の解消などに役立つ「リンパひねり」の応用編や、ひねりの動きを取り入れたエクササイズも紹介します。

姿勢が気になる人や部分やせしたい人は、ぜひそちらも実践してみてください。

リンパひねり

～基本編～

基本のリンパひねり

～正しい姿勢の作り方～

まずは正しい姿勢をマスター。美しいS字カーブを描くこの姿勢がすべてのエクササイズの基本です。普段から意識するようにしましょう。

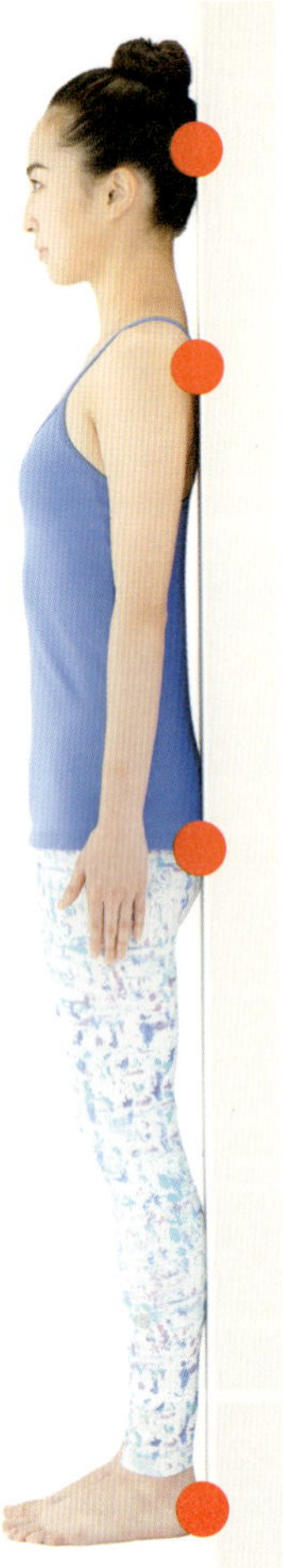

1

壁に背中をつけて立つ

最初は壁を使ってチェック。背中を壁につけて立つ。このとき、頭、肩、お尻、かかとがすべてつくのが正しい姿勢。

2

かかとをつけて
つま先を90度に開く

1 で作った姿勢をキープして、壁から離れて立つ。かかとをつけることで体の軸が安定し、体をひねりやすくなる。

NG

首が前に出る、肩が浮く、反り腰はNG。

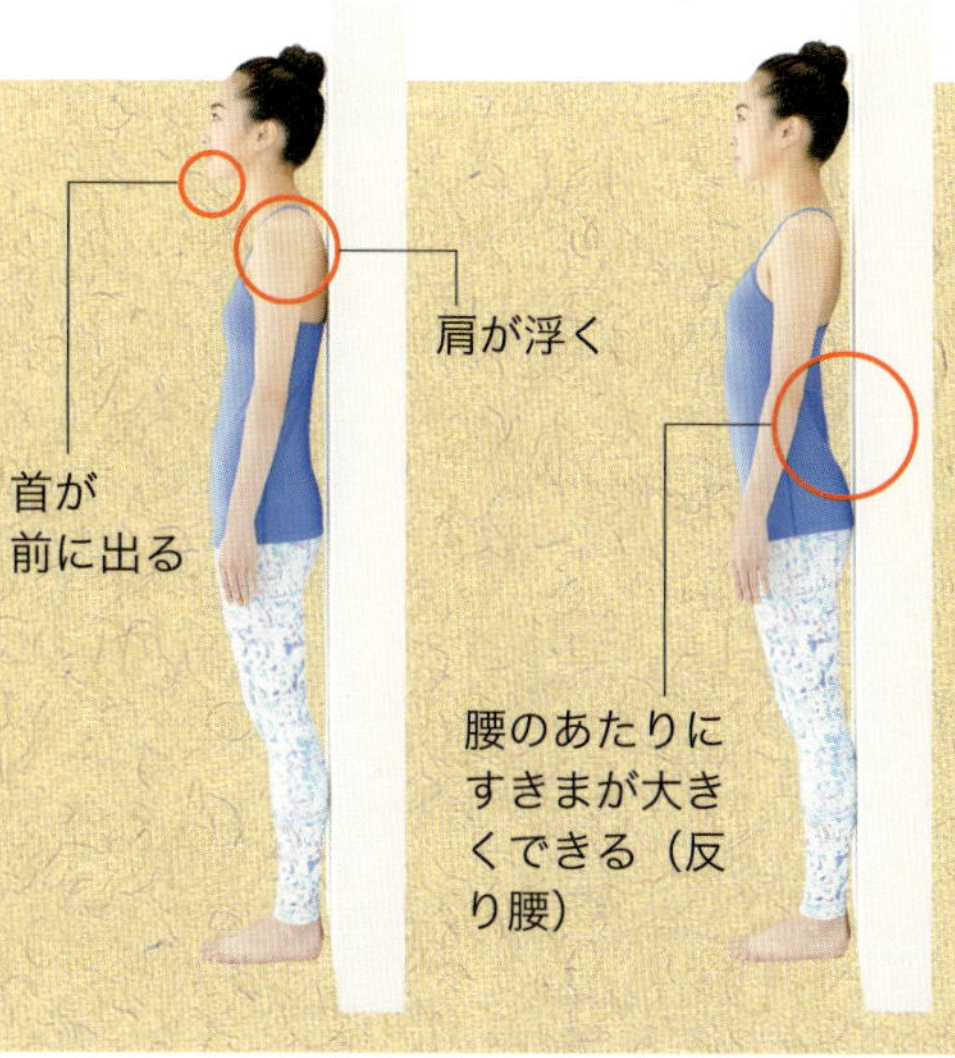
首が
前に出る
肩が浮く
腰のあたりにすきまが大きくできる（反り腰）

リンパひねり

~基本編~

基本のリンパひねり

~動きをマスター~

両腕を横に広げ、腕は固定したまま、お腹周りをひねります。洗濯槽の動きをイメージして、ブルブルとできるだけスピーディにひねるのがコツ。1日30秒~1分で十分!

3

2の状態から両腕を肩の位置まで上げる

親指、人差し指を立てて指差しポーズを作り、両腕を広げて肩の位置に。

4

足と頭を動かさないでお腹周りをツイスト

体の真ん中に柱が１本通っているようなつもりで、お腹周りだけを左右にひねる。足と頭は動かさないように。まずは30秒。慣れてきたらスピードアップして「フッ、フッ、フッ」と息を吐きながらリズミカルに１分続けてみよう。

POINT

お腹をブルブル小刻みに左右に揺らすイメージで。腕は振り回さない。

30秒〜1分 繰り返す

POINT

お腹とお尻にキュッと力を入れながらひねるとコツがつかみやすい。

リンパひねり

～応用編～
背中のハミ肉撃退リンパひねり

基本のリンパひねりに腕の動きをつけると、背中のストレッチ効果がアップ。肩甲骨周りの褐色脂肪細胞を活性化させて脂肪も燃焼！　こりもほぐれて美しい後ろ姿に。

1
指差しポーズのまま手のひらを前に向ける

基本のリンパひねりと同じ姿勢をとり、指差しポーズを作ったら手のひらを正面に向ける。右腕のひじを伸ばし体の斜め上に上げ、左腕はひじを曲げて体の横へ。

2

リンパひねりをしながら腕を上げ下げする

1 の状態から左右交互に腕を上げ下げしながら、基本のリンパひねりを行なう。

POINT

ダンスするようなつもりでスピーディに行なおう。

30秒〜1分繰り返す

リンパひねり

～応用編～
猫背解消リンパひねり

背中が硬い人におすすめのポーズです。内側に巻いている肩を後方の正しい位置に調整するので、猫背や肩こり解消に！　無理のない範囲で行ないましょう。

1

両手を背中の後ろで組む

基本のリンパひねりの姿勢を作ったら、ひじを伸ばして背後で手を組む。余裕がある人は手のひらを合わせてみよう。

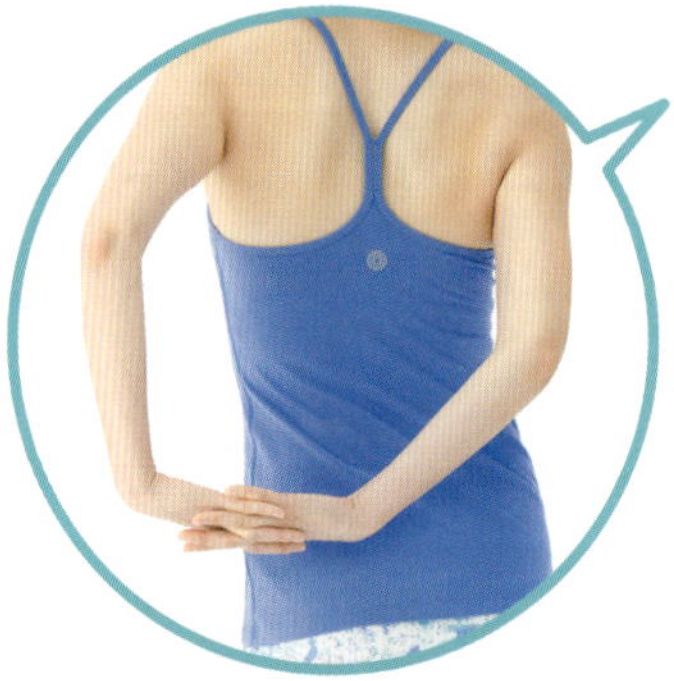

手を組むのがきつい人は、指先をひっかける程度でもOK。

2

そのままお腹をフリフリとひねり続ける

1 の状態をキープしながら、基本のリンパひねりを行なう。腕は自然に左右に振る。お尻に軽く力を入れると姿勢が崩れにくくヒップアップ効果も。

NG

背中が硬い人は、腕を無理に左右に振らない。

30秒〜1分 繰り返す

体を整えて正しい姿勢を手に入れよう

◆足指の筋力チェックをしてみよう

ラクな姿勢、悪い姿勢が身についてしまうと、全身の筋肉がバランスよく使えなくなりますが、それを簡単に見分ける方法があります。

足の指をギューッと曲げたとき、指の付け根の骨（基節骨《きせっこつ》）がぽこっと飛び出していますか？　多くの人はつるっとしていて、骨が出ないと思いますが、この骨が出ないということは、足裏を上手に使えていないのです。

手のひらに置き換えて考えるとわかりやすいのですが、第二関節を曲げずにものをつかんだりしようとすると、手首や腕など、余計なところに力が入って筋肉が突っ張りますよね。それと同じで、足指がきちんと曲がらないと、地面をしっかりつかんで蹴《け》り出すことができず、脚の外側やふくらはぎなど、どこかに余計な負担がかかって、筋肉がアンバランスになります。

特に親指側がしっかり使えていないと、小指側に体重が乗り、外へ外へと膨らむように歩くので、太ももやふくらはぎの外側が張って、見た目の脚のラインも悪くなります。

歩き方が悪いと足裏のアーチが乱れ、外反母趾《がいはんぼし》や内反小趾《ないはんしょうし》などの足のトラブルにもつながるので、足指や足裏を柔軟にすることも正しい姿勢を作る大事なポイント。

次ページから、正しい姿勢を作るための準備として、やっておくといいエクササイズを紹介しますので、ぜひ取り入れてみてください。

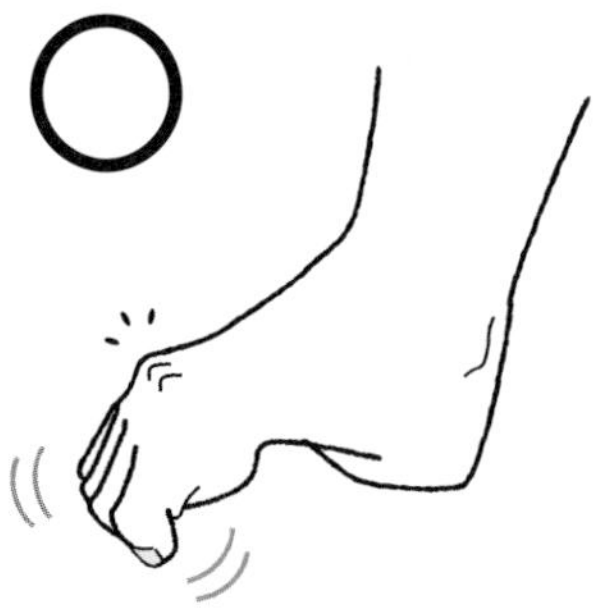

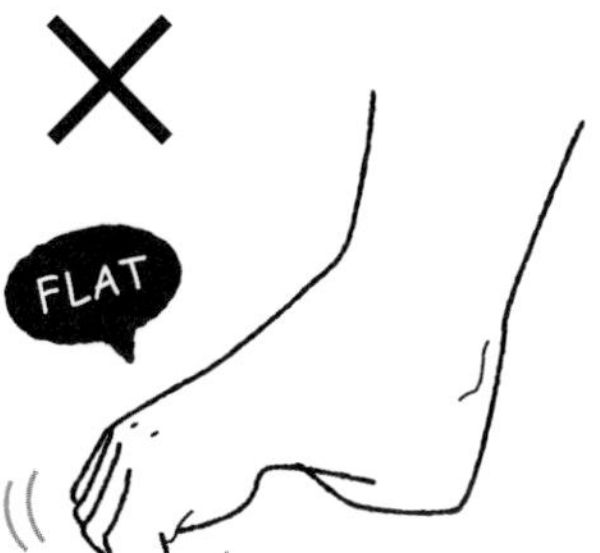

ゆがみ改善　難易度 ★

指歩き

足指や足裏を鍛えるのに効果的。しっかり地面を捉えられるようになると、ふくらはぎのポンプ作用が高まり、全身の血流や代謝がアップ。外反母趾の予防にもなります。

1

足指の力だけを使って歩く

軽く両脚を開いて立ち、ひざを伸ばしたまま全部の足指で地面をつかむようにしながら少しずつ前進する。1mほど歩けば十分。

CHECK

1本1本の足指をしっかり動かす

1本1本の足指がしっかり動いているかチェックしながら行なう。

POINT

足指の動きが悪い人は、はじめは前に進むのが難しいことも。ゆっくりでもいいので、丁寧に取り組むことが大事！　できれば毎日行なおう。

ゆがみ改善　難易度★

足の小指ほぐし

足の外側に体重をかけてしまう人は、足の小指が押されて変形し、きちんと使えていない傾向があります。ここが詰まると偏った歩き方になり、腰痛や血行不良の原因にも。

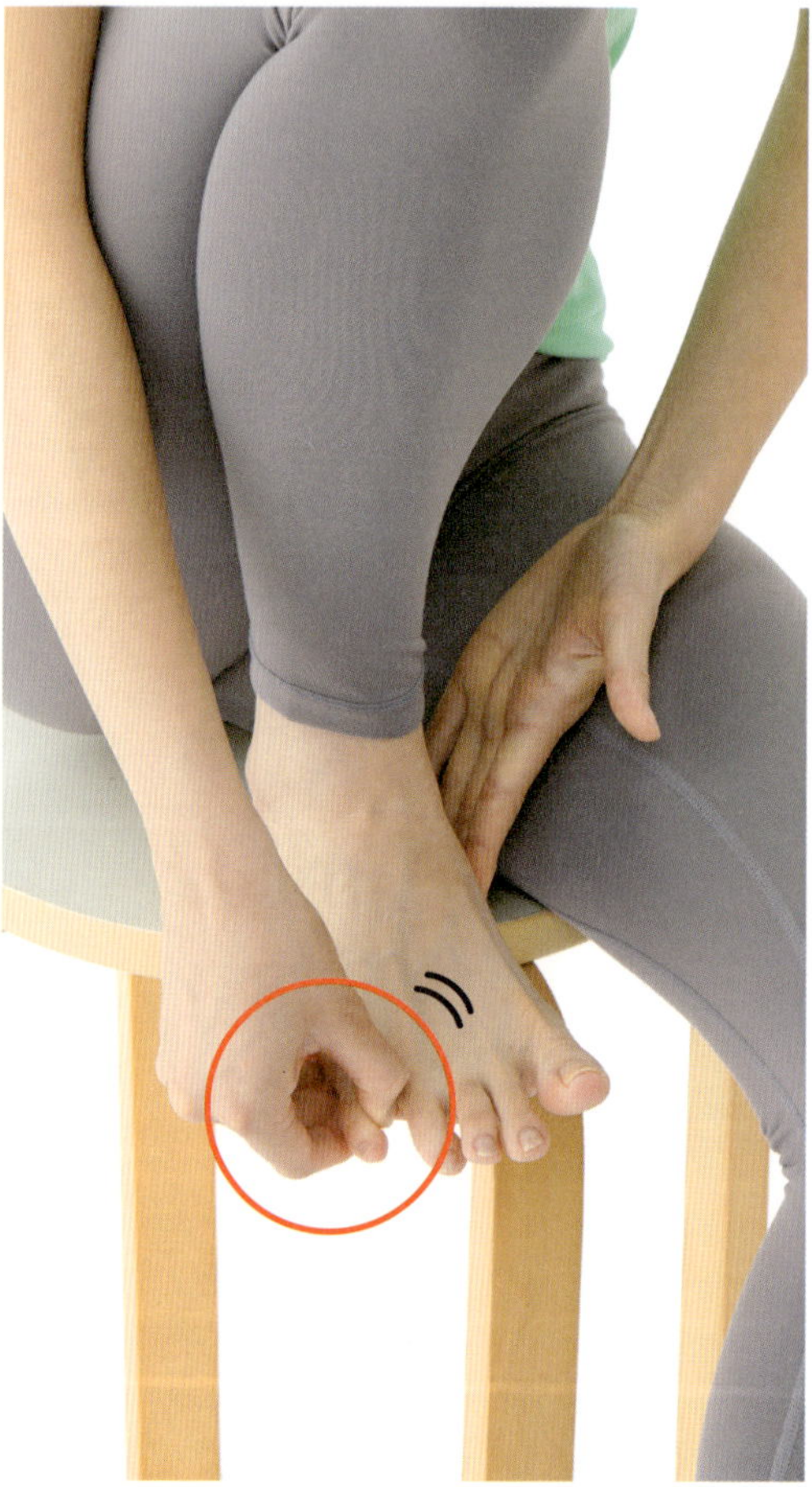

1

小指の付け根をギューッとプッシュ

足の小指の付け根を強めに押したり、小指をグリグリと回したりしてしっかりほぐす。

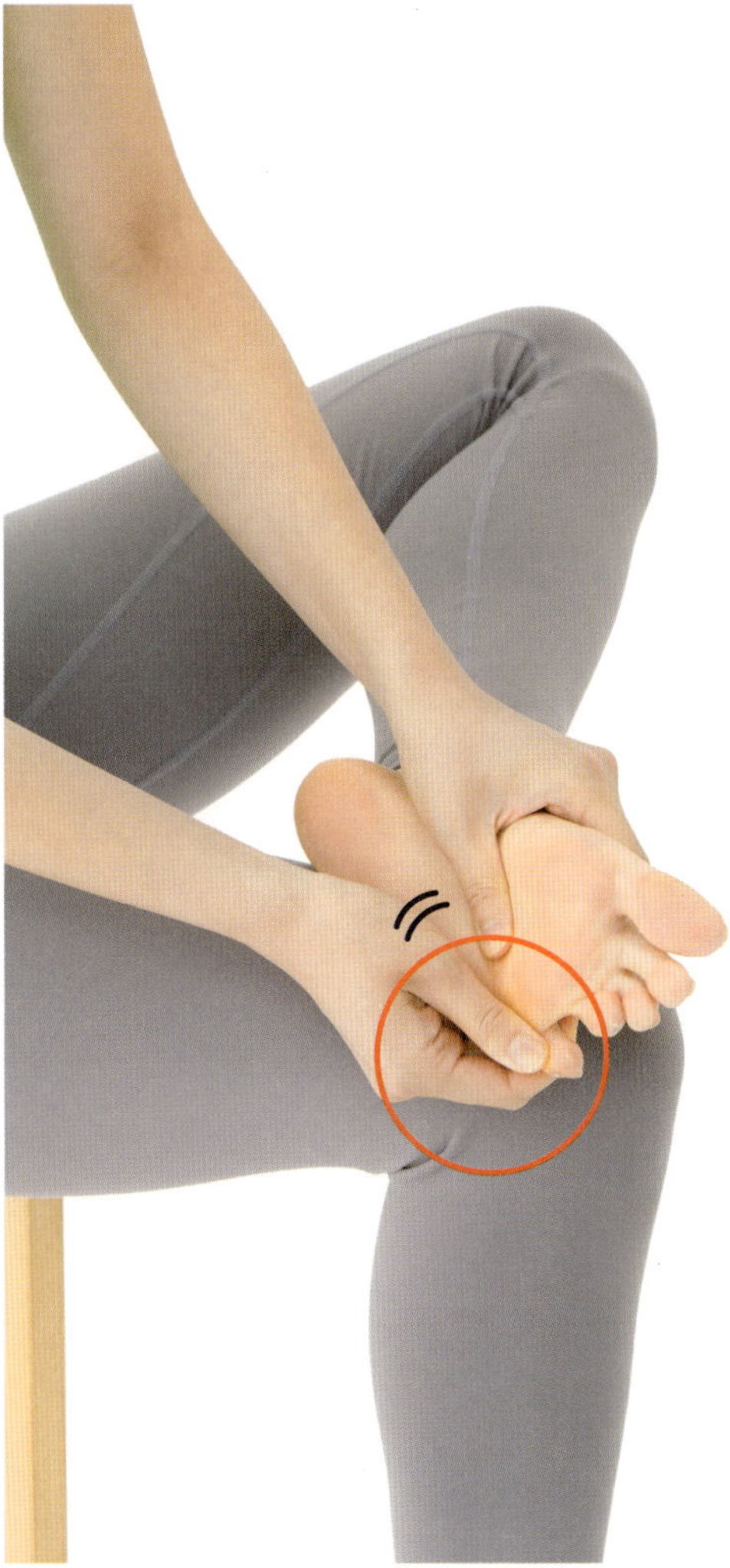

2

足裏側の小指周りも刺激

足裏も、小指の付け根あたりを中心にマッサージしよう。

POINT

小指の付け根をしっかりほぐすことが目的。イタ気持ちいいくらいに強めに刺激するのがコツ！

反対側も同様に 1分繰り返す

ゆがみ改善　難易度 ★

両腕ぶらぶら

背中が硬い人はこのエクササイズから始めてみましょう。肩甲骨周りのストレッチになり、手先を振ることで末端の血流も促進させます。自律神経が整い、肩こりもラクに！

1

ひじを曲げて肩の高さまで上げる

両ひじを肩の位置まで上げる。肩甲骨を内側に寄せるように手を少し後ろに引いて胸をしっかり開いたら、手首から先の力を抜く。

2

手首の力を抜いたまま、手先をぶらぶらさせる

手をひらひらさせるようにしながら手首から先だけを振る。できるだけ腕が下がらないように意識する。

POINT

体幹はしっかりキープしながらも、手首や腕の力は抜くのがコツ。

30秒繰り返す

ゆがみ改善　難易度 ★★

片足ぶらぶら

正しい姿勢や歩き方に重要な、体幹を鍛えて股関節周りの柔軟性を高めるトレーニングです。腹筋やお尻を使って体をまっすぐ支えるように意識しましょう。

1

太ももを引き上げて、片足で立つ

まっすぐに立ち、片足を上げて太ももを体と90度になるまで引き上げる。軸足の骨盤が外に逃げないように、お腹とお尻に力を入れる。

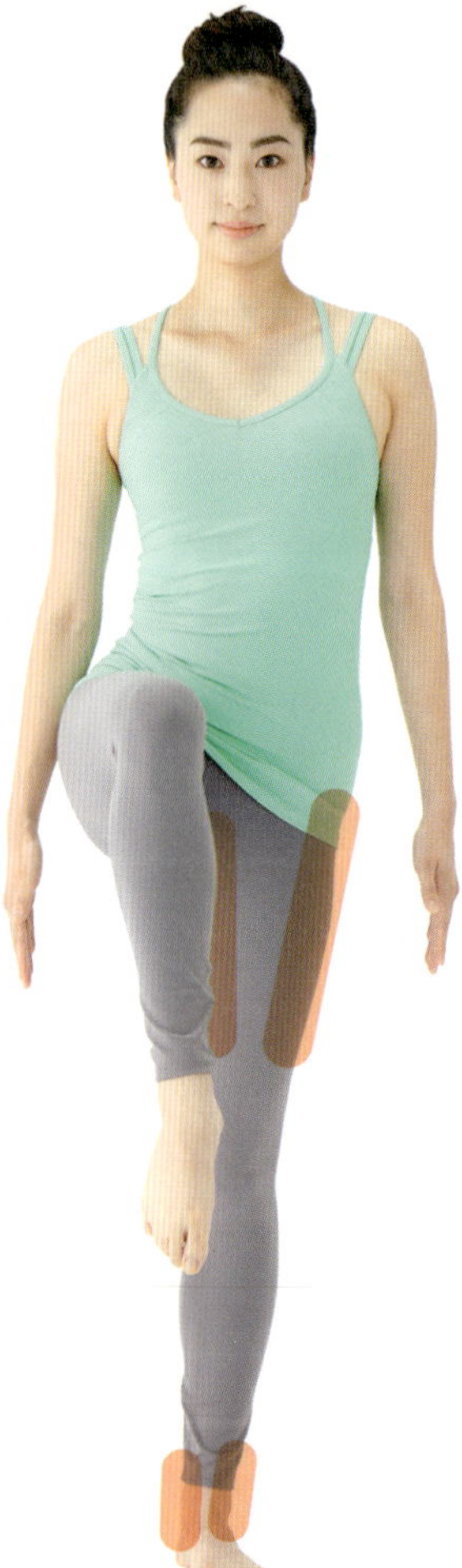

NG

軸足の大転子《だいてんし》（太もも付け根の出っ張った骨）が外側に出ないように注意。

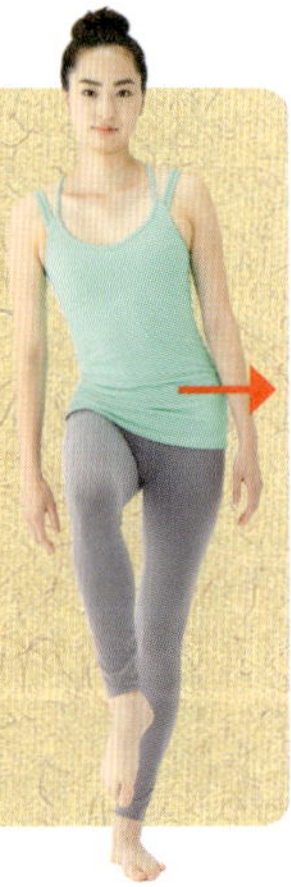

2

ひざから下を ぶらぶらと振る

1の姿勢をキープしながら、浮かせた片足のひざから下だけを左右にぶらぶらと振る。

POINT

体がグラグラしてしまう人は、片足立ちの状態をキープすることから練習してみよう。

反対側も同様に
10回繰り返す

ゆがみ改善　難易度★★★

片足立ちひねり

前ページの「片足ぶらぶら」の応用編。下半身全体の筋肉をバランスよく使えるようになります。初心者は体がぐらつきやすいので、無理をしないよう注意。

1

太ももを引き上げて、片足で立つ

まっすぐに立ち、片足を上げて太ももを体と90度になるまで引き上げる。手は「小さく前へならえ」のような形にして脇を締め、体につける。軸足の骨盤が外に逃げないように、お腹とお尻に力を入れる（66ページ参照）。

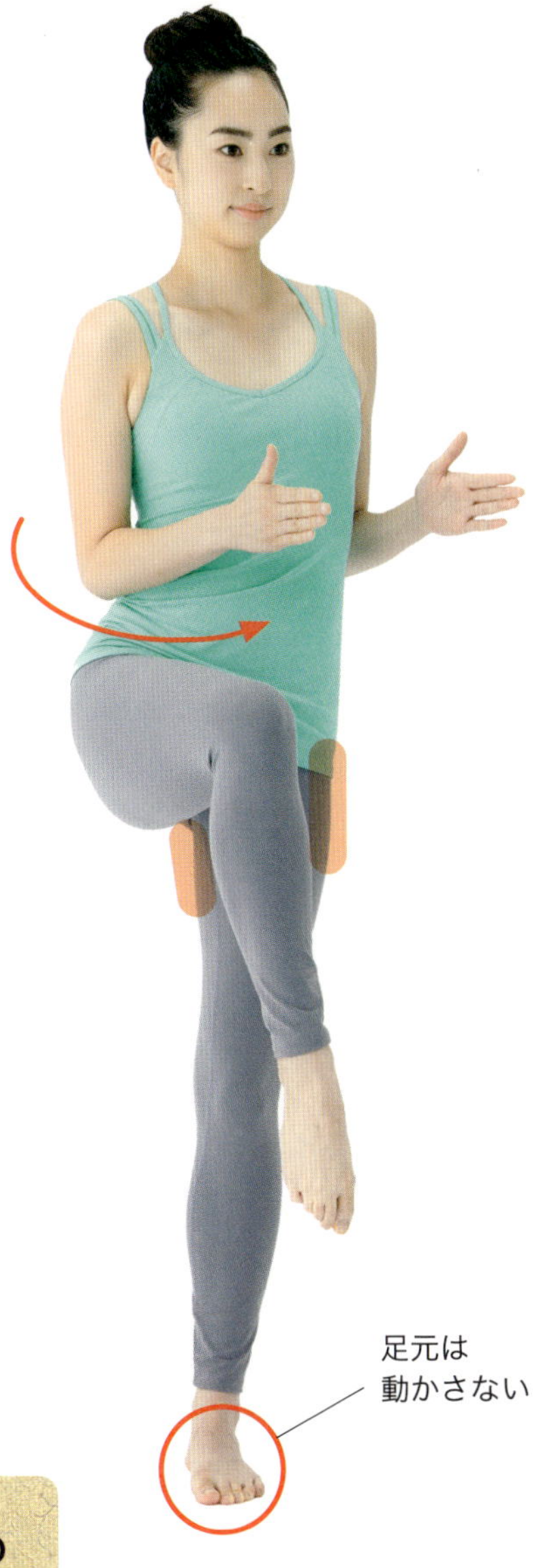

2

手と足はそのまま、体をひねる

足元は動かさないまま、**1**の姿勢からゆっくりと軸足の方向へ体をひねる。無理せずできるところまでひねり、元の体勢に戻る。

POINT

ひねったときに、軸足の股関節が回っていることを確認。できない人は、足を上げる高さを低くしてやってみよう。

反対側も同様に
10回繰り返す

ゆがみ改善 難易度 ★★★

骨盤ひねり

ひねりの動きを活用したスクワット。股関節周りの柔軟性を高めると同時に、ウエストシェイプアップやヒップアップにも効果的です！

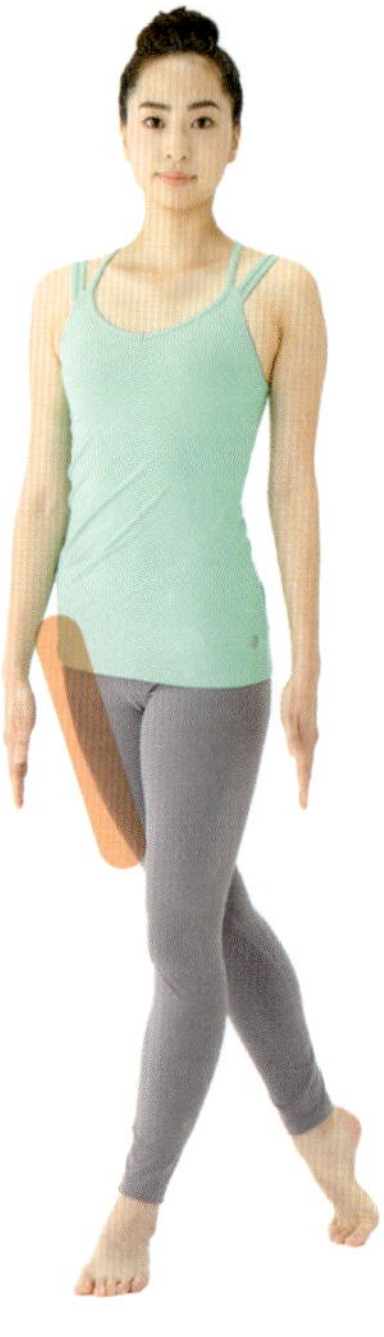

1

脚をクロスさせる

左脚を1歩右斜め前に出し、クロスするように右脚を左後ろに出す。後ろの足はつま先立ちに。

2

両腕を肩の高さで横に広げる

基本のリンパひねりの腕と同じように、指差しポーズを作って肩の高さで腕を広げる。

3 腰を落として体をひねる

両脚のひざを曲げ、できるところまで腰を落としながら体をひねる。ゆっくりと **2** の体勢に戻る。

後ろのひざは、
前のひざの内側
に入れる

POINT

最初はひざを軽く曲げるだけでもOK。慣れてきたら、深く腰を落とすようにすると負荷がアップ。

反対側も同様に
10回繰り返す

座ったまま、寝たまま「ズボラトレ」

◆いつでもどこでもお手軽トレーニング

生活の一部として取り入れやすいよう、座ったまま、寝たままでできるトレーニング「ズボラトレ」をいくつかご紹介します。

特に2種類の腹筋（74〜77ページ）は、正しい姿勢に必要な体幹を強化するためにもぜひ取り入れてほしいエクササイズ。

体幹が弱いと、体が支えられず姿勢が崩れ、ますます悪い姿勢が定着しやすいので、少しずつでも鍛えるように意識しましょう。

大きい負荷をかけて行なうきつい筋トレとは違い、呼吸や動きによってお腹周りの筋肉を細かく刺激。自分のレベルに合わせてできるのもメリットです。

また、「寝たままかかとトントン」（78・79ページ）は、骨の強化に役立つエクササイズ。

骨への適度な刺激が骨を丈夫にすることが、最近の研究で明らかになっています。骨粗しょう症や寝たきりの予防にもなると注目されていますので、早めの対策が吉！　かかとをドスン！　と強く落とすのではなく、軽めに床をトントンとするように注意して行ないましょう。

いずれのエクササイズも、毎日、何回行なってもかまいません。

仕事の合間、テレビを見ながら、寝る前など、すきま時間を活用してできるので、とにかく、体を動かすクセをつけましょう。

運動することに自信がない人は、ここから始めるのも手ですよ。

ズボラトレ

座ったまま腹筋

お尻を浮かせてゆらゆら動くだけで、お腹周りの筋肉を強化します。骨盤周りや股関節のストレッチにもなり、左右のゆがみを整えるので、腰痛予防にも効果的！

1

両ひざをつけて椅子に座る

椅子に座り、ひざをぴったりつける。

親指でふみしめ、かかとが外側に出ないよう注意

2 お尻を左右交互に浮かせる

骨盤を引き上げるようにしながら片側のお尻を浮かせる。同時に、お尻を浮かせた側のかかともまっすぐ上げる。右、左、右、と交互に上げ下げする。

POINT

お尻を上げるとき、上から押しつぶすようにギューッと腹筋に力を入れながら、口から息を吐き切ると効果的。

30秒 繰り返す

ズボラトレ

寝たまま腹筋

テレビを見ながらでもできる究極のズボラトレ。呼吸の力を利用して腹斜筋を鍛えるので、くびれを作るのに効果的です。

1 床に横になり、上側の脚のひざを90度曲げる

床に横向きに寝て、ひじをついて頭を支える。下側の脚はまっすぐ伸ばし、上側の脚はひざが体と90度くらいになるように曲げる。

POINT

ソファなど、体がしずみこむ場所ではなく、硬い床に寝て行なう。

2 息を吐いてお腹周りを床に押し付ける

横腹を床に押し付けるように「フー、フー」と強めに口から息を吐く。頭を支えていない側の手を横腹にあて、上側のひざも床に押し付けるようにするとやりやすい。

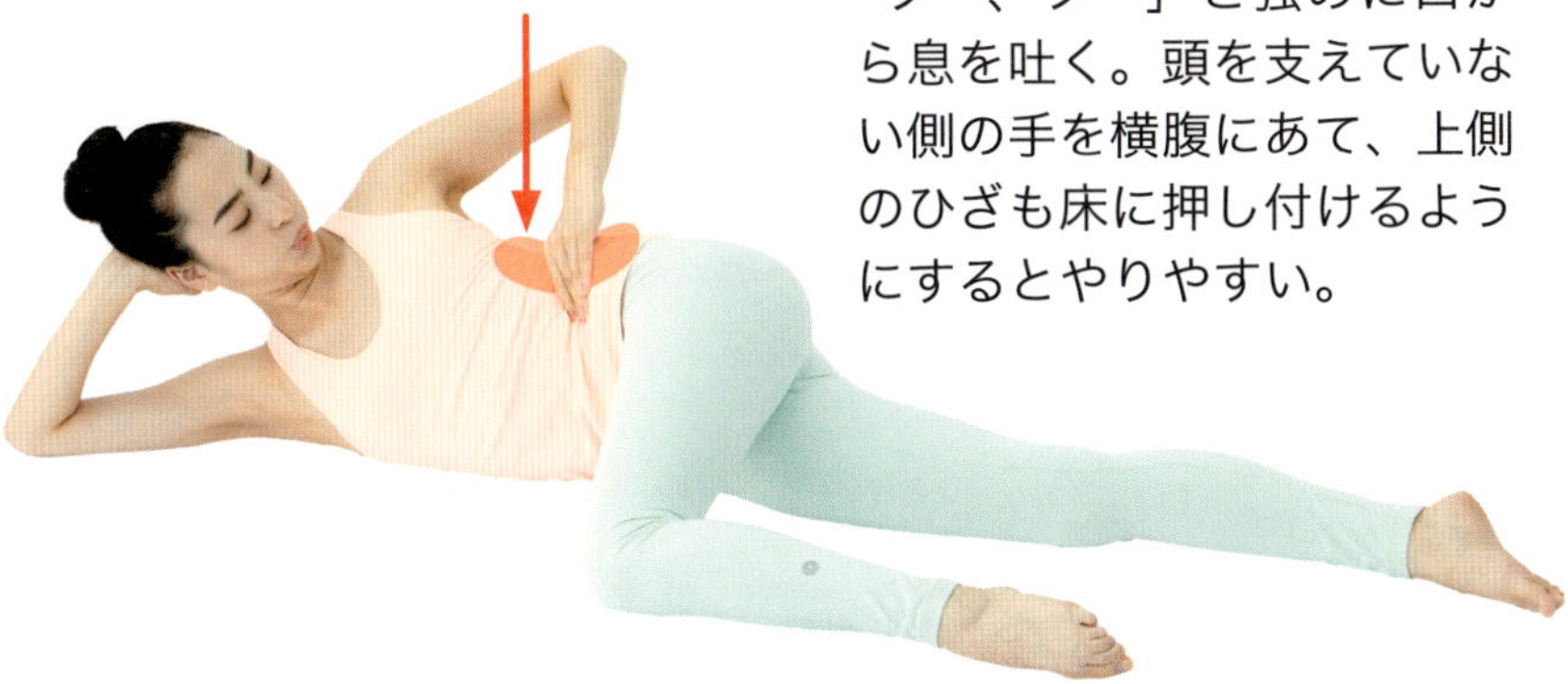

POINT
頭がぐらつかないように、手でしっかりと支える

反対側も同様に
30秒繰り返す

LEVEL UP

手を上げた方向に上体を引き上げる

頭を支えていない側の腕をまっすぐ伸ばし、目線を指先へ。口から息をフーッと吐きながらその方向に上体を引き上げる。できるところまででOK。

ズボラトレ

寝たままかかとトントン

最近の研究で、かかとへの適度な刺激が骨を丈夫にすることが判明！　骨粗しょう症予防としても注目されています。軽めに落とすだけで骨盤のゆがみも調整できます。

1 仰向けになり、両手は頭の後ろに

床に仰向けに寝て、両手を頭の後ろで組む。

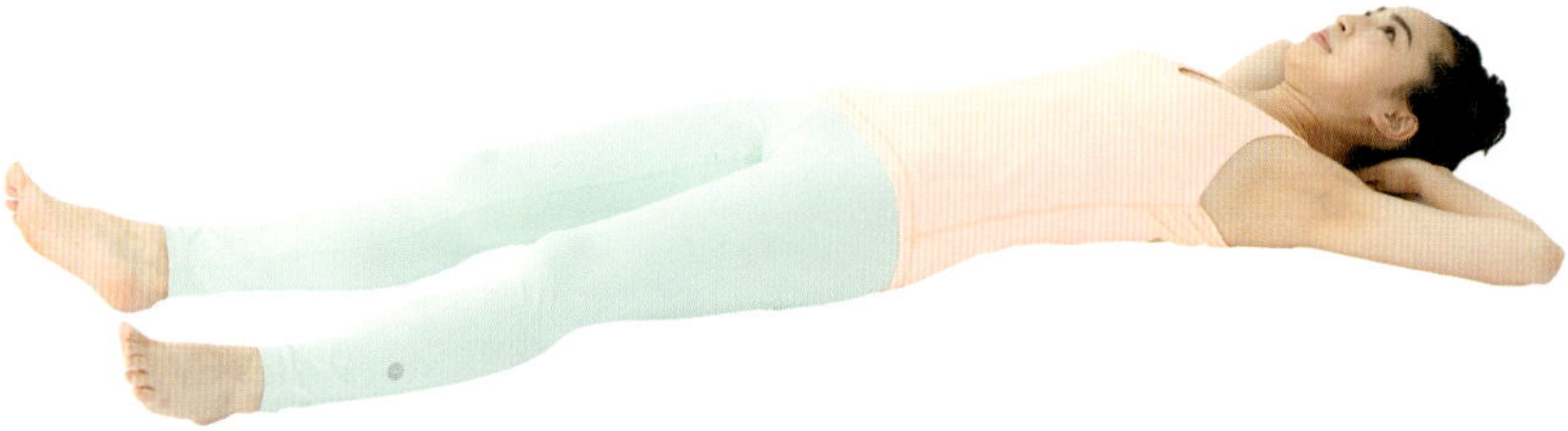

寝たときに床と腰の間にすきまができる反り腰の人は、両手を床と腰の間に入れる。

朝 朝はつま先を内側にしてかかとをトントン

つま先を内側に向け、床から5～10cmかかとを浮かせた状態から左右交互に床をトントン10回。つま先を内側にすると骨盤が閉じ、体が活動モードにスイッチするので、朝におすすめ。

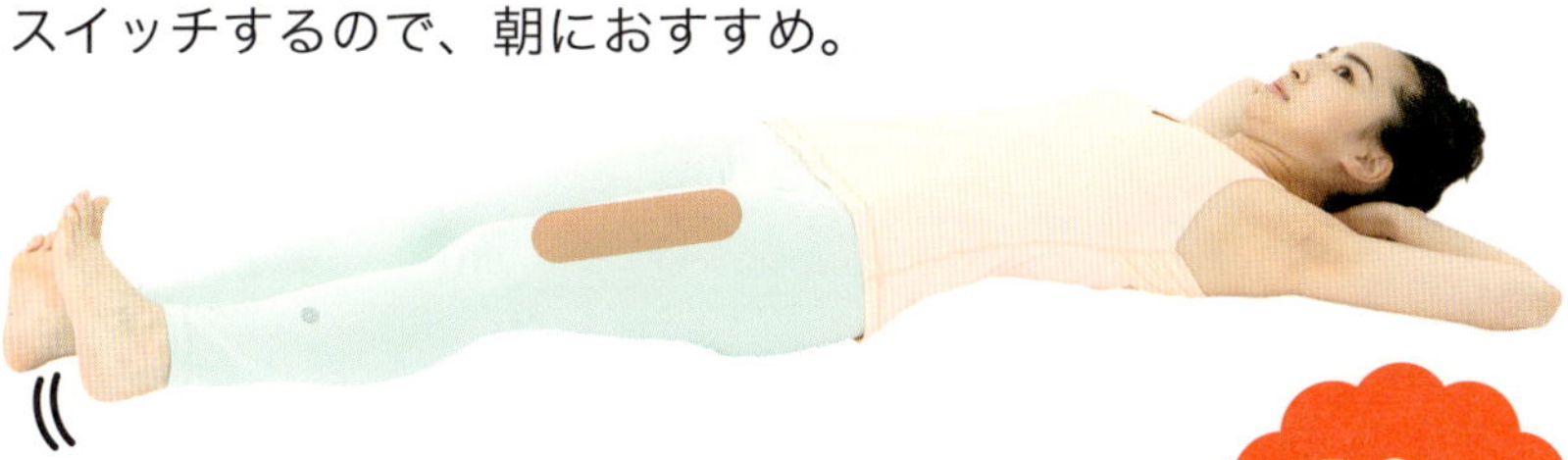

10回
繰り返す

夜 夜はつま先を外側に開いてかかとをトントン

つま先を外側に向けた状態で、朝と同じようにかかとを床にトントン10回。骨盤が開くことで体がリラックスするので、寝る前などに行なおう。

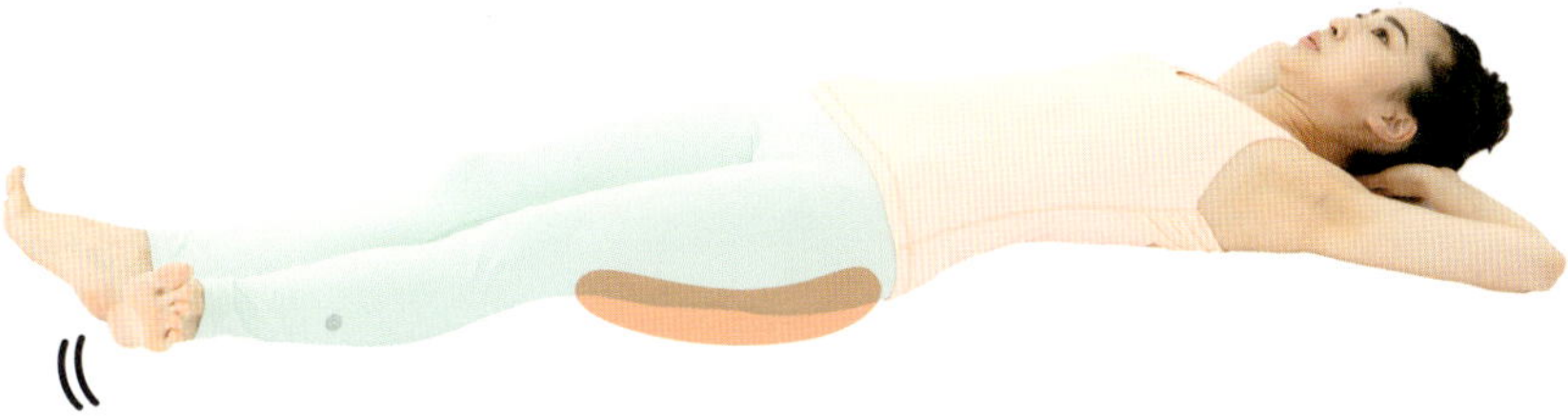

POINT

「ドスン」と強く落とさないように注意！

10回
繰り返す

お悩みにすぐ効く裏技をこっそり伝授

◆今すぐなんとかしたい、腰痛、肩こり、便秘などに

筋肉を増やしながらバランスよく鍛えることが、体の不調の根本解決につながると考えています。

しかし、ひどい肩こりや頑固《がんこ》な便秘などを早くなんとかしたい、という人のために、早技エクササイズをまとめました。

「イグアナストレッチ」（82・83ページ）はひねりの動きを利用したストレッチです。

凝《こ》り固まった腰周りの筋肉をしっかりほぐしながら鍛えるので、続けることで腰痛

予防にも役立ちます。

また、女性に多い便秘の悩みには、腸のぜん動運動を刺激するエクササイズを（88・89ページ）。

便秘を根本的に解決するためには、食事の見直しが不可欠ですが、運動を習慣にすることも腸の健康につながります。やはり続けることが大事！

また、顔のむくみは、耳下から鎖骨、脇のあたりまでのリンパ節が集中しているところの流れをよくすることがポイント（94・95ページ）。

朝起きたときに顔がむくんでいるときは、このあたりの詰まりをほぐすことで流れがよくなり、即効で小顔効果が期待できます。

上半身の流れがよくなるので、頭痛を軽減する効果も！

無理をせずご自身のできる範囲で行ない、痛みが強い場合は控えてください。

お悩み即効解決

腰痛に イグアナストレッチ

お腹や腰周りの凝り固まった筋肉をストレッチして、腰の張りや痛みを予防。体が硬い人は、軽くひねるだけでもOK。腰の痛みが強いときや違和感があるときは控えましょう。

1 脚を前後に開いて座り、両手をついて正面を向く

床に座って右脚のひざを曲げ、左脚は斜め後ろへ伸ばす。前に両手をついて正面に体を向ける。

POINT

前側のひざは完全に曲げてしまってOK。脚を曲げた側のお尻が浮かないように床につける。

2 伸ばした脚をひねる

1の姿勢から、股関節、ひざ、つま先を外側に向けるようにしながら、下半身をひねる。伸ばしたほうの股関節を床につけるイメージで、元の体勢に戻る。

反対側も同様に
10回繰り返す

POINT

ひねりすぎないようロックをかけているので、手は床につけたまま行なおう。

プラスα

上体を左右に振る

1の姿勢のまま手をつく位置を少し広げ、腕立て伏せをするように肩や胸を床のほうに近づける。脚を入れ替えて左右5回ずつ行なおう。お尻と胸のストレッチに効果的。

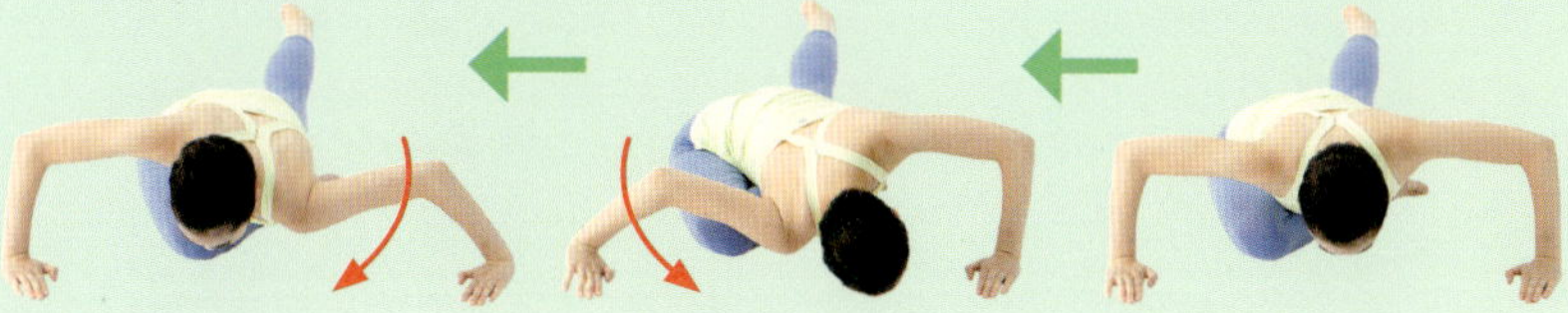

お悩み即効解決

肩こりに 腕振りストレッチ

肩周りの筋肉をゆるめ、流れをよくするストレッチ。ここでも腕のひねりの動きがカギになります。片側ずつ左右行ないましょう。

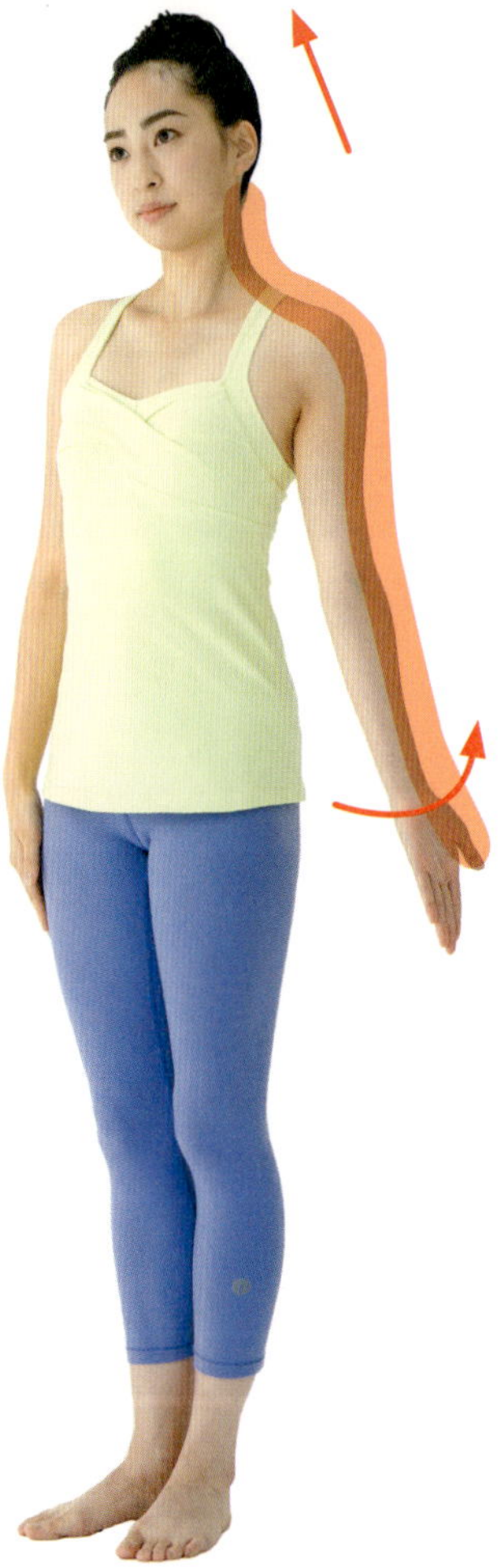

1

腕をひねって首を傾ける

かかとをつけてまっすぐ立ち、右に首を傾ける。左腕だけ内から外にひねるようにして手のひらを外に向ける。首から肩につながるラインをしっかり伸ばすように意識して。

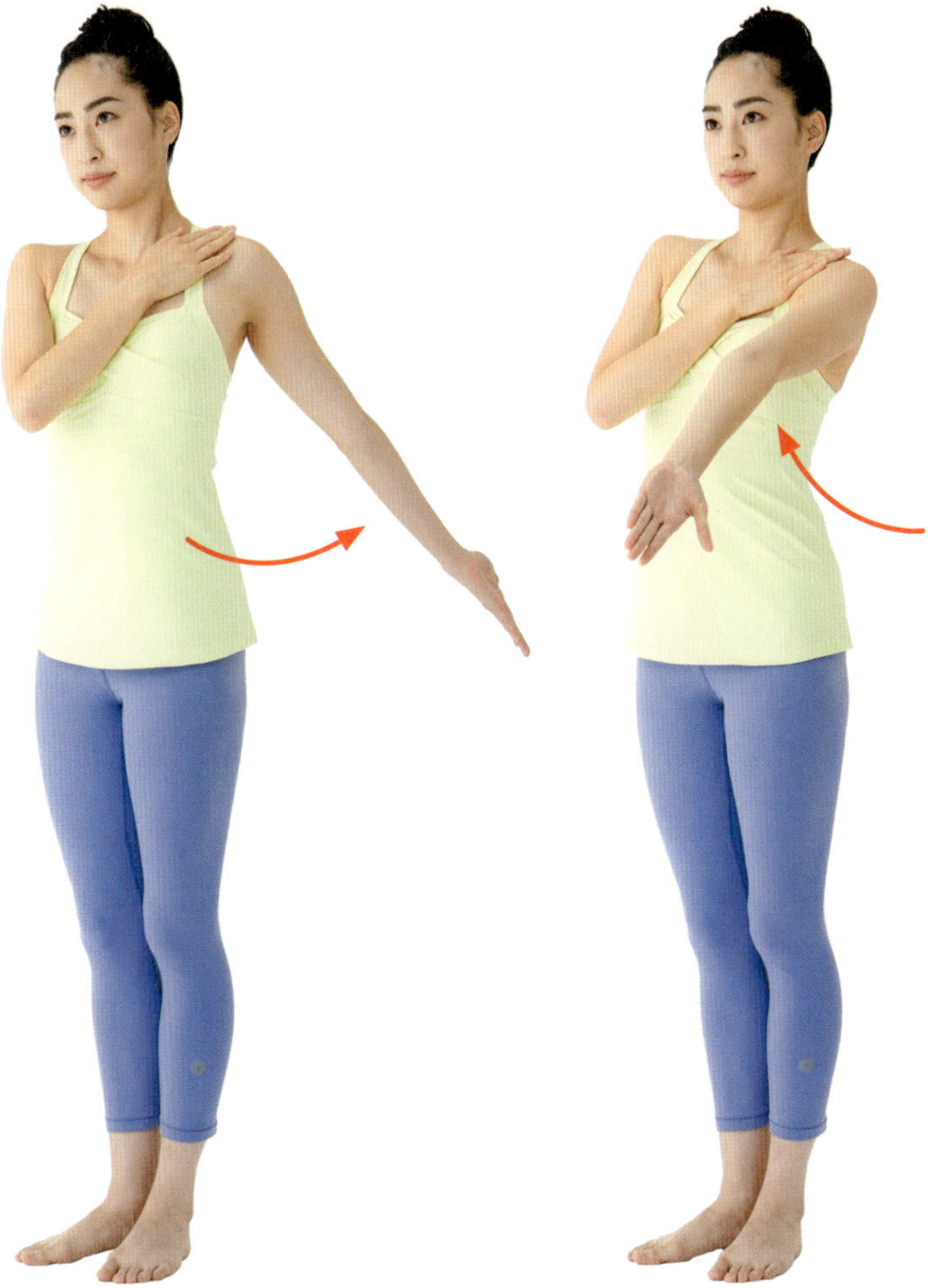

2 左腕を前後に振る

肩が前に出ないように右手で左肩を押さえながら、左腕を前後にできるだけ早く振る。

反対側も同様に
30秒繰り返す

お悩み即効解決

肩こりに 指開きストレッチ

座ったままでも行なえる肩こり軽減ストレッチ。腕振りストレッチ（84・85ページ）同様、首から肩にかけてのラインを伸ばすことと、腕を内側から外に向けることがポイントです。

1

手のひらを上に向けて、腕を後ろに開く

腕を後ろに伸ばし、手のひらを広げて上に向ける。反対側の手で肩を押さえる。

2

指を1本ずつ折って広げる

数を数えるように小指側から１本ずつ指を曲げる。指を折ったり、広げたりを繰り返す。

反対側も同様に
30秒繰り返す

POINT

手首をできるだけ外にひねるように意識するとより効果的。

お悩み即効解決

便秘に 腸活性化エクササイズ

腸のぜん動運動を促すエクササイズは、腹筋の強化やお尻の引き締めにもなって一石二鳥！　股関節の動きも柔軟になります。

1

仰向けに寝て、足の裏を合わせる

仰向けに寝て、ひざを開いて左右の足の裏を合わせる。

2

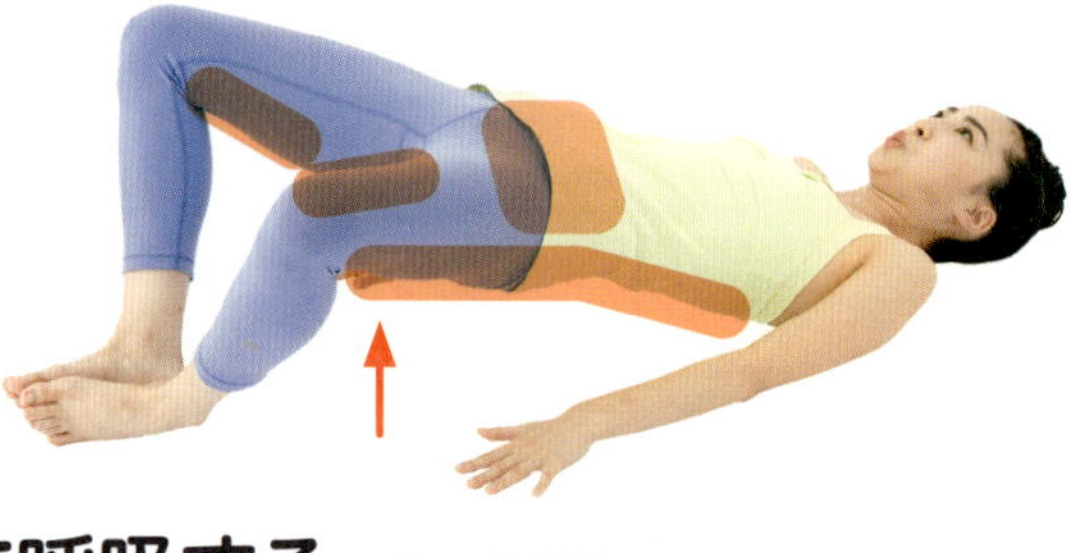

腰を浮かせた状態をキープして呼吸する

1 の姿勢からお尻を持ち上げ、その状態をキープしたまま鼻から息を吸って口から吐く。この呼吸を10回行なう。下がりがちな内臓を上に持ち上げることでぜん動運動を刺激。

POINT

ひざが閉じないようにできるだけ開いて、お腹の力で腰を上げる。

3

床に座って脚を内股に

床に座ってひざを立て、内股の状態になるように足先を開く。両手は後ろへ。

4

脚をキープした状態で肩を前後に揺らす

肩を左右交互に前後に揺らす。

30秒繰り返す

POINT

肩を揺らすとき、腹筋をギュッと縮めるようにするのがコツ。お腹を見ながら行なうと意識しやすい。

お悩み即効解決

振り袖肉に 二の腕しぼり

ひねりの動きを活用すれば二の腕のたるみもスッキリ！蛇口をひねるような小さな動きですが、二の腕の裏側の上腕三頭筋をしっかり刺激できます。

1

両腕を肩より後ろでまっすぐ伸ばす

体の軸をしっかり保った姿勢で、肩甲骨を寄せるようにして両腕を後方へ伸ばす。手首と指を曲げて、指と指の間を開く。

POINT

腰を反ったりお腹を突き出したりしないように注意。

2

蛇口をひねるように手首を返して腕を回す

1 の状態から脇を締め、手首をくるっと回しながら腕をひねる。

POINT

手首から先はグレープフルーツをスクイーザーでしぼるようなイメージで。指と指の間はしっかり開こう。

10回 繰り返す

お悩み即効解決

顔のたるみに 舌出しスクワット

スクワットの動きを利用して、体幹をしっかり鍛えながら、広《こう》頚《けい》筋《きん》という首周りの筋肉もストレッチ。顔のたるみや二重あごも防ぐエクササイズです。

1

あごを引いて立つ

足を肩幅に開いて正しい姿勢を作る。両手で鎖骨を持ち、あごを引く。

POINT

ひざがつま先より前に出ないように、椅子に座るように股関節から曲げるイメージで行なおう。

2 スクワットしながら舌を出す

スクワットの要領で、お尻を突き出すように腰を落としながら、顔を上げて舌を出す。

3 息を吐き切りながら1の姿勢に戻る

腰を戻しながら舌を引っ込め、あごを引いて息をシューッと吐き切る。

POINT

骨盤を前、後ろにしっかり動かそう。

10回繰り返す

お悩み即効解決

顔のむくみに すっきりリンパ流し

基本のリンパひねりをするだけでもむくみは解消できますが、特に朝の顔のむくみをなんとかしたい！　というときに、リンパひねりにプラスするといい方法をご紹介。

1 指先で目尻を横に引っ張る

指先で目尻をこめかみのほうへ引っ張り、こめかみを押す。

2 耳下、鎖骨のリンパ節に向かって流す

こめかみから耳下まで少し強めに刺激しながら指をすべらせ、さらに鎖骨のリンパ節に向かって流す。鎖骨周りは反対の手で刺激すると流しやすい。

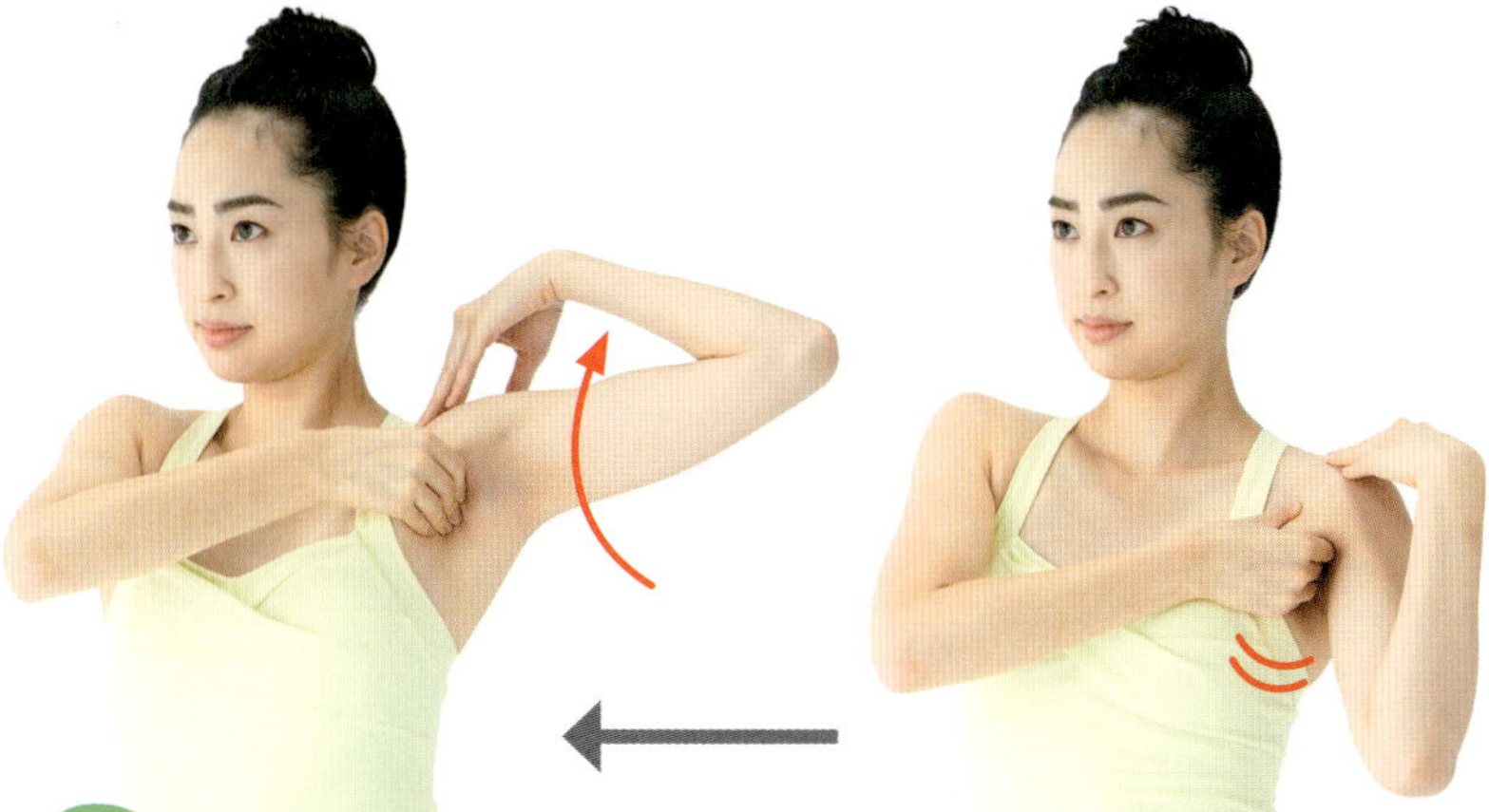

3 脇のリンパを刺激しながら肩を回す

脇のあたりを反対側の手でつかんでほぐしながら、10回肩を回す。老廃物が一気に流れて顔のむくみがすっきり。反対側も同様に。

COLUMN

褐色脂肪細胞を さらに増やす方法

褐色脂肪細胞はエクササイズ以外でも活性化することができるといわれています。その方法を簡単に紹介しましょう。

①温める

肩甲骨同様、首にも褐色脂肪細胞が多いので、首元にマフラーやストールを巻くのが手軽です。レンジで温めたホットタオルで首の後ろを温めるのもいいでしょう。

②冷たい刺激を与える

冷たい刺激が体の熱を作りだすスイッチに。交感神経が活発になり、褐色脂肪細胞が増えるといわれています。凍らせたペットボトルを手に持つだけでもOK。夏場なら温冷のシャワーを交互に背中にかけるのも効果的です。

③食で刺激

よく噛んで食べることは消化によく、ダイエットにも効果的ですが、褐色脂肪細胞の活性化にも役立ちます。また、褐色脂肪細胞を増やす食材は、ショウガや唐辛子などのスパイスやコーヒー、青魚、オリーブオイルなど。グレープフルーツなど柑《かん》橘《きつ》類の皮に多く含まれるリモネンの香りも◎。食欲を抑える効果も知られていますので、朝食に取り入れてみて。

PART
3

10年後に差が出る生活習慣

知っているとトクする食事のとり方

◆太らないおすすめおやつ＆ドリンク

ダイエットや美ボディのためには食事のとり方も大事です。簡単にすぐできるちょっとしたコツをいくつかご紹介します。

Point 1

5時間以上、食事の間をあけない

食事をすると、血液中の糖分をキャッチして、インスリンというホルモンが分泌されます。インスリンは血糖値を下げる働きをしますが、エネルギーとして使われなかった糖を脂肪に変えてしまいます。

急激に血糖値が上がると大量にインスリンが分泌され、脂肪を溜《た》めやすくなるため、血糖値のゆるやかな変動をキープすることがダイエットや健康には不可欠です。

実は、5時間以上空腹の時間が続くと血糖値が上がりやすくなります。昼食のあと、何も口にしないまま夜遅くに炭水化物などの糖質の多い夕食をとると、血糖値がいっきに跳ね上がってしまいます。

食べないほうがやせると思いがちですが、むしろ逆効果。空腹状態を作らないよう、何か口にするほうがよいのです。

おすすめなのは、血糖値に影響しないタンパク質が豊富な卵、枝豆などをおやつとして食べることです。

卵は食物繊維とビタミンC以外の栄養素がほぼパーフェクトに含まれる食材ですし、植物性タンパク質を含む枝豆は動物性タンパク質を含む食材に比べ、余分な脂質が少なく、脂肪を燃焼するために必要な補酵素であるビタミンなども含まれています。

腹持ち感があり、栄養が回ることで脳も満足するので、夕食のどか食いなども防げます。やせるおやつ習慣、ぜひ始めてみてください。

Point 2

食事前のクエン酸で外食太りも防げる

血糖値対策として、もう一つ活用したいのが、クエン酸。夕食を食べる前にクエン酸をとると、寝ている間の血糖値を上がりにくくしてくれます。

食べてすぐ寝るのが血糖値には一番よくないので、忙しくて夕食の時間が遅くなるときや会食があるときは、食べる30分くらい前にとるといいでしょう。

クエン酸は、梅干し、レモン、グレープフルーツ、お酢など、酸っぱいものに多く含まれています。

ビタミンC飲料や加工食品には糖分が入っていることもあるので、おすすめは、100%のレモン果汁。これなら冷蔵庫に常備しておくこともできるので、ミネラルウォーターに数滴垂らして手軽に飲めます。ぜひ試してみてください。

Point 3

糖分をがまんしすぎるのは逆効果！

血糖値のゆるやかな変動をキープすることは大事ですが、炭水化物や甘いものを極端に控えるのはＮＧ。

血糖値が低くなりすぎると、体が危険を感じて、コルチゾールなどの血糖値を上げるホルモンを分泌し、今度は血糖値が上がってしまいます。

こうした血糖値の乱高下は、体全体に悪影響を及ぼします。

ダイエット中の人は、20時以降の炭水化物は控えたほうがよいですが、がまんしすぎないようにしましょう。

知っているとトクするお風呂の入り方

◆手のひらを冷やすと、脂肪燃焼効果がアップ！

手のひらは体の温度調節をする際の敏感なセンサー。高い温度と低い温度、温冷の振り幅が大きいほど、交感神経が活発になり、褐色脂肪細胞も活性化するといわれます。

温度差を作る手っ取り早い方法が、氷を持ってお風呂に入ること。入浴前に洗面器やビニール袋などに氷を入れて用意しておきましょう。湯船に浸かりながら、手のひらで30秒～1分ほど氷を握って、手が冷え切ったら氷を放してお湯の中に手を入れ、温まったらまた氷を握って冷やす、ということを5～

10分繰り返します。

お湯の温度は40度前後のぬるめで、半身浴をしながら行なうのがベター。

上半身が冷えたら肩まで浸かってもOK。

手のひらを冷やすときは水でもかまいませんが、温度差があるほうが効果的なので、洗面器の水に氷を入れるなど、常温より低くしましょう。

褐色脂肪細胞が刺激されると、普通に半身浴をするよりも汗をかきやすくなりますし、熱量が上がって肩こりもラクになります。

もちろん、入浴すること自体、代謝を上げる効果があります。

ですから、シャワーで済ませず、できるだけ湯船に浸かることを心がけましょう。

知っているとトクする睡眠のとり方

◆体と頭をしっかり休める4つの心得

質のよい睡眠は、ダイエットにおいても大事なキーワードです。

というのも、睡眠不足になるとホルモンのバランスが乱れ、食欲を抑えるレプチンというホルモンが減り、食欲を増進するグレリンというホルモンが増加するといわれます。

つまり、睡眠が足りていないと、食欲が増してたくさん食べてしまうのです。

アメリカのスタンフォード大学の研究によると、睡眠時間が5時間の人は、8時間の人よりもグレリンが約15％増え、レプチンが約15％減少したという報告があります。

そこで、よい眠りのためのヒントを紹介しますので、ぜひご参考に。

Point 1 運動は就寝2~3時間前までに終わらせる

運動を習慣にするのは大切ですが、夜遅い時間にジムに行ったり、ランニングをしたりするのはできるだけ避けましょう。眠れないときに体を疲れさせようと思って運動するのも逆効果。

交感神経が興奮し、体や脳が覚醒《かくせい》してしまうので、かえって眠りの妨《さまた》げになります。体の修復機能も低下するので、就寝の2~3時間前までには運動を終えるようにしましょう。

Point 2 夕食の食物繊維は控えめに

血糖値の上昇を防いだり、お通じをよくしたりするために食物繊維をとるのはいいことですが、食べるタイミングに注意。

夜遅くにたくさんとってしまうと、消化するために胃腸が一生懸命働くことになるので、内臓がゆっくり休めません。20時以降は摂取を控えめにしましょう。

Point 3 耳を温めると、心地よく眠れる

雨の日など、気圧が下がると頭痛が起きたり、寝つきが悪くなったりする女性が多いのですが、そういう場合は就寝前に耳を温めるのが効果的。

飛行機の中にスナック菓子の袋を持ち込むと、袋がパンパンに膨らんでしまいますが、それと同じ変化が体にも起きます。外からの空気の圧が弱まると、体の中が膨張して、血流が滞り、酸素不足の状態になるのです。

耳の奥の内耳《ないじ》には、気圧の変化をキャッチするセンサーがあり、気圧を調整する指令を自律神経に伝える大事な部分。耳を温めて血行を促すことで、自律神経のバランスが整い、寝つきもよくなります。

手のひらで耳を包んで温めるだけでもＯＫですが、耳を折りたたんだり、両側に引っ張ったりして、耳がポカポカするまでマッサージするのがおすすめですよ。

Point 4

眠れないときは足を冷やす

眠れないときに無理に眠ろうとして焦ると、かえって眠れなくなってしまいます。眠れないときは起きていったん布団から出るほうが得策です。

それでも眠れないときは、冷水を入れた洗面器で足を冷やすのが効果的です。

人間は、睡眠中に体温を下げることで、脳や代謝機能を休ませるので、体温が上がったままだと眠れないようにできています。体温を下げようとして手足から熱を放出するときに眠気がくるので、足が温かくなりすぎると、寝つきが悪くなってしまうのです。

足を冷やすと体温を維持しようとしていったん体温が上がりますが、今度は下げる力が働くので、お風呂に入ったあとに眠たくなるようなサイクルを作りだすことができます。

体が変わる考え方

◆一つでいいから、体にいい習慣を生活の一部に

大人になると、体を動かすのがおっくうになり、運動が続かないという人はとても多いのですが、運動に対して、自らハードルを上げていませんか？

結局、健康やダイエットのために必要なのは、「自分にひと手間かけること」に尽きると思います。

運動が苦手な人が、急にいろいろなことを始めようと思っても、すぐに挫折してなかなか続きませんよね。それぞれライフスタイルも違うので、無理をしても続かないのは当たり前です。

だから、たったひと手間でいい。普段の生活の中でルーティンにできるようなことを一つずつ見つけて生活の一部に組み込むことが、体を変える一歩だと思うのです。

例えば、朝は目覚めたら10分以内にベッドから出て、朝日を浴びる。これが体の活動のサインとなり、体内時計がリセットできます。自律神経の切り替えがスムーズになることで代謝や眠りの質が向上し、ストレスの解消にも役立ちます。

外出中は、いつもより歩幅を5㎝広げて歩く。ほんの少し動きを大きくするだけでも活動量が増え、消費カロリーが変わってきます。

仕事や家事の合間に、ときどき腕を上げ、肩周りをストレッチする。夜はシャワーでなく、湯船に浸かる。

こうした少しの手間でも、毎日積み重ねることで、確実に体は変わります。

もちろん、「リンパひねり」も、お風呂に入る前や歯磨きをするついでに30秒行なうだけ。

この本から何か一つでもヒントを得て、できることから実践していただきたいと思います。

おわりに

「リンパひねり」のコツはつかめたでしょうか？

独特な動きなので、最初は戸惑うかもしれませんが、このエクササイズにはしなやかな美しい体を作るエッセンスがギュッと凝縮されています。

本書でお話ししてきたように、正しい姿勢を身につけて、全身の筋肉をバランスよく使えるようになること、リンパの流れをよくすることが、健康で若々しい体を作るための秘訣。

それだけで見た目はもちろん、体の中も変わっていきます。

そして、運動において何より大切なのは、継続することです。

短期間のトレーニングでいっきにやせたとしても、それはあくまで一時的な効果。

何もしなければせっかく鍛えた筋肉もたった10日で落ちてしまいます。

それよりも、無理なく自分のペースでできることを積み重ねていくほうがよほど効果的です。

毎日少しずつでも、やるのとやらないのとでは大違い。

その差が5年先、10年先の美しさや心身の健康につながっていきます。

「リンパひねり」は、年齢を問わず誰もが気軽にできるエクササイズですので、ぜひその一助としていただきたいと思います。

ダイエットとは無縁の美ボディを手に入れたい人、一生アクティブに動ける体作りをしたい人、運動はしたいけれど何から始めればいいか迷っている人、すべての方に楽しんでいただければ幸いです。

高橋義人

〈著者略歴〉

高橋義人（たかはし・よしと）

オーダーメイド･トレーニングサロン「Eva cuore body（エバクオーレボディ）」主宰。2011年「10年先の身体のために今できること」をテーマに、エバクオーレボディを設立。これまでに２万人以上のパーソナルトレーニングを手掛ける。理論に裏打ちされた機能的な体作りは、オリンピック選手から芸能・美容関係者まで幅広い支持を得ており、サロンは数ヵ月先まで予約で埋まる。テレビや女性誌など、多数のメディアに取り上げられている。著書に『1日1分「うしろ肩」を回すだけで誰でもやせられる！ よくわかるDVD付き』『フリパラツイスト 30秒リンパひねりでみるみるやせる！』（以上、講談社）がある。

30秒で腹筋100回分！「リンパひねり」で全身がやせる

2018年11月30日　第１版第１刷発行
2019年９月11日　第１版第４刷発行

著　者　高橋義人
発行者　安藤　卓
発行所　株式会社ＰＨＰ研究所
京都本部　〒601-8411　京都市南区西九条北ノ内町11
教育出版部　☎075-681-8732（編集）
家庭教育普及部　☎075-681-8554（販売）
東京本部　〒135-8137　江東区豊洲5-6-52
普及部　☎03-3520-9630（販売）
PHP INTERFACE　https://www.php.co.jp/
組　版　朝日メディアインターナショナル株式会社
印刷所
製本所　図書印刷株式会社

ISBN978-4-569-84031-4